과학이 깃든 고대고분

청소년을 위한
역사과학여행

김진호 지음 | 권오영 감수

진인진

과학이 깃든 고대고분
청소년을 위한 역사과학여행

초판 1쇄 발행 | 2012년 11월 30일

지은이 | 김진호
감   수 | 권오영
발행인 | 김영진
발행처 | 진인진
등   록 | 제25100-2005-000003호
본문편집 | 배원일
삽   화 | 이상규
주   소 | 경기도 과천시 별양동 1-14 과천오피스텔 614호
전   화 | 02-507-3077~8
팩   스 | 02-504-3079
홈페이지 | http://www.zininzin.co.kr
이메일 | pub@zininzin.co.kr

ⓒ 진인진 2012
ISBN 978-89-6347-081-8 03900

* 이 책은 한국출판문화산업진흥원의 출판지원사업의 지원을 받아 발행되었습니다.

이 책은 2011년 중앙국립과학관의 겨레과학기술원리탐구연구사업으로 한신대학교 산학협력단이 수행한 『삼국시대 무덤축조에 반영된 겨레과학기술』의 성과를 바탕으로 만들었다. 필자는 이 연구에서 중고등학생들을 위한 교재를 만들고 현장답사를 계획, 실행하는 일을 담당하였다.

1년 간 학생들과 역사유적인 고분을 통해 전통 과학기술을 밝혀내고 이를 통해 과학원리를 탐구하는 활동을 하면서 많은 것을 배웠다. 교실에서는 병든 닭처럼 졸던 아이들이 고분 발굴 현장 등을 찾아다니면서 방금 물을 준 나무처럼 싱싱해졌다. 학생들은 삼국의 고분이 갖는 과학적인 축조원리에 놀라워했으며, 고분을 찾아다니는 여행을 재미있어 했다.

연구가 끝날 무렵 1년 동안 함께 공부하면서 만들었던 교재를 바탕으로 고등학생들을 위한 책을 만들어 보자는 제안을 받았다. 이때 주저하던 필자를 이끌어 주신 분이 스승이신 한신대학교 국사학과 권오영 선생님이다.

연구 참여를 권유해주시고, 연구를 이끌어 주셨으며 이 책을 집필하는 동안 부족한 역사고고학 지식을 채워주신 권오영 선생님이 아니었다면 이 책을 결코 쓸 수 없었을 것이다. 또한 연구에 함께 참여하면서 백제의 고분 축조 기술에 관한 전문적인 지식을 가르쳐주신 충북대학교 성정용 선생님께도 감사드린다. 신라와 영남지방의 고분의 성격과 축조기술을 유창한 경상도 사투리로 조목조목 가르쳐주신 부산박물관의 홍보식 선생님께도 감사드린다.

이 두 분은 중고등학교의 역사교육에 대한 깊은 관심을 가지고 역사 교사의 역할이 막중함을 알려 주셨다. 부족한 필자의 안목을 넓혀주고 귀한 사진과 자료를 흔쾌히 내주신 두 분 선생님께 다시 한 번 감사의 말씀을 올린다.

최근 학교에는 교육 혁신의 바람이 불고 있다. 교사가 일방적으로 가르치는 것이 아닌 학생들이 스스로 배우는 교실을 만들기 위한 노력이 꾸준히 진행되고 있다. 또한 단단했던 교과의 벽을 허물고 아이들의 온전한 지적 성장을 위해 통합교과 교육이 강조되고 있다.

삼국시대 고분의 과학적 이해는 역사와 과학이라는 전혀 다른 지적 전통을 갖는 두 과목이 협력함으로써 학생들에게 생각의 힘을 키워주는 창의적인 활동을 만들 수 있음을 보여주는 계기가 되리라 믿는다.

어려운 여건 속에서도 부족한 글을 책으로 펴는 데 애써주신 진인진의 김영진 대표님을 비롯한 편집부 직원들께 고마운 마음을 전한다.

끝으로 이 책을 내가 가장 사랑하는 아내와 역사를 좋아하는 두 딸에게 바친다. 가족의 사랑이야말로 언제나 나를 지탱하는 힘이다.

2012년 11월 안산에서

이 책의 필자인 김진호 선생을 처음 만난 것은 2000년이었다. 한신대학교 교육대학원에 입학한 김 선생은 당시 30대 초반의 젊은 교사였다. 이 연배의 역사교사들이 으레 그렇듯이 교육현실을 개혁하여 참교육을 실천하려는 의지가 강해 보였다.

3학기가 되자 졸업논문 주제를 정하기 위한 상담을 신청했고 우리 둘은 곧 합의를 보았다. 현행 중등학교 역사 교과서의 서술에서 나타난 민족주의에 대한 비판과 대안모색이었다. 민족주의는 곧 최고의 善이라는 가치가 팽배한 대한민국, 그것도 기독교 민족주의의 본산인 한신대학교 졸업 논문주제로는 도발적인 셈이다. 하지만 당시 국정 국사교과서의 고대사 서술의 문제점을 절감하던 터라 우리 둘은 의기투합 했다. 김 선생의 논문이 우여곡절 끝에 통과되고 우리 둘은 한 번 더 모험을 감행했다.

2009년 전국역사학대회의 고고학 분과(공동주제 ; 동아시아의 고고학연구와 내셔널리즘)에서 졸업논문을 수정·보완해 발표했다. 전문 고고학연구자들이 참여한 전국대회에서 고고학에 문외한인 현직 역사교사가 중진 고고학자들과 나란히 발표한 것이다. 주관적인 판단인지 모르겠으나, 당일 발표 중 김 선생의 발표가 가장 인상적이었다.

2011년 김 선생은 연구년을 이용하여 한신대학교에서 1년간 연수를 받으면서 박사과정에 진학하기로 결정했고, 연구 주제로 다문화 사회의 한국사 교육을 선택했다. 이번에도 우리 둘은 의견의 일치를 보았다.

2011년 5월부터 나는 국립중앙과학관이 주관하는 겨레과학기술원리탐구라는 사업에 삼국시대의 고분축조 기술이란 주제를 가지고 참여하게 되었다. 이 연구에 참여할 것인지 넌지시 권해보니 이번에도 좋다고 한다. 이렇게 되어 김 선생은 또다시 새로운 영역에서 지적 탐험을 시작하게 되었다.

사실 고고학과 과학에 문외한인 역사교사가 고분축조기술과 거기에 반영되어 있는 과학원리라는 주제를 소화하는 것은 결코 쉬운 일이 아니다. 하지만 이번에도 김 선생은 나를 놀라게 했다. 2012년 박사과정 진학 후 학생지도, 본인의 수업을 수강하는 중에도 틈틈이 방대한 자료를 섭렵하여 이 책을 만들어 낸 것이다. 고고학과 과학의 융·복합, 전문연구성과를 젊은 세대에게 그들의 감각에 맞추어 전달하는 대중화라는 두 마리 토끼를 멋지게 잡아낸 김 선생을 보며 놀라움을 넘어서 존경심을 느끼게 된다. 융·복합이 대세인 요즘 추세에서 이 책은 고고학과 과학의 행복한 만남을 이끌어낼 것이 분명하다.

이 책을 들고 어린 학생들을 인솔하여 삼국시대 고분 앞에서 고고학과 과학의 만남을 부르짖는 제2, 제3의 김 선생이 출현하기를 기대한다.

김 선생의 '발칙한' 금기파괴와 영역침범이 계속 이어지는 모습을 흐뭇하게 상상해 본다.

권오영

문화유산에 대한 속없는 자부심을 버리자

우리는 반만년의 긴 역사 속에서 만들어진 우리 민족의 문화재를 '세계에서 가장 과학적'이고 '아름답고', '우수한' 문화재라고 듣고 배운다. 그래서 우리 문화유산에 대한 자부심을 알게 모르게 갖고 살아간다. 그러나 살다보면 이런 자부심이 조금씩 깨지는 순간이 생긴다. 우리의 것보다 훨씬 크고 화려한 그리고 아름답기까지 한 다른 나라의 문화재와 비교되는 순간이다. 특히 해외여행을 가면 우리 문화재에 대한 자부심은 구멍 난 풍선처럼 쪼그라드는 느낌을 가질 때가 있다. 해외여행을 많이 다닌 친구가 우리 문화재를 보잘것 없다고 말하면 속이 상해서 말다툼을 벌이지만 그 친구를 설득할 만한 근거를 대지도 못한다. '왜 우리 문화재가 우수한가'를 제대로 설명할 만큼 아는 것이 없기 때문이다.

우리는 우리 문화유산에 대해 자부심을 갖자는 말만 큰 소리로 외쳤을 뿐 정작 과학적인 호기심을 가지고 이해하려는 노력은 소홀히 한 것이 사실이다. 이제 '속없는 자부심'만 내세울 것이 아니라 우리의 문화유산을 바로 알기 위해 '마땅한 질문'을 하고 그 답을 구하려고 노력해야 한다. 그런 과정을 통해 자랑스러운 문화유산에 대한 관심과 애정이 생기고 그 속에 담긴 과학적 원리를 이해할 수 있을 것이다.

거레과학이란 우리 겨레의 모든 물질유산 속에 있는 과학슬기를 누가(장인), 무엇을 가지고(도구, 설비, 물질, 소재), 어떻게(제작공정과 방법), 왜(쓰임새)라는 질문을 통해 찾아내는 것이다. 대수롭지 않게 보아 넘기는 우리의 옛 유물에도 현대과학에 응용되는 과학 원리가 숨어 있다. 거레과학 문화유산 속에는 자연과 어울리며 다른 한편으로 자연을 극복하며 살아온 선조들의 끊임없는 탐구심과 창의력이 깃들어 있다. 이러한 거레과학과 현대기술이 접목된다면 한 차원 높은 기술 발전을 이룩해 미래첨단기술을 개발할 수 있는 새로운 가능성을 낳을 수도 있다.

또한 거레과학 속에는 이 땅에 살았던 사람들이 당면했던 문제를 해결하려고 노력한 흔적이 담겨 있다. 과학기술은 사회가 안고 있는 사회문화적인 문제를 풀 수 있어야 한다. 과학을 배우는 사람은 당대의 문제를 해결하고 새로운 미래를 열어줄 수 있는 과학기술을 만들도록 노력해야 한다. 기나긴 세월 동안 끊임없이 주어진 과제를 풀어내면서 지금까지 이어 내려온 것이 바로 겨레과학문화유산이다.

우리가 겨레과학을 통해 과학을 배울 때, 실험이나 지식의 습득도 중요하지만 과학기술이 역사의 발전과정에서 어떤 역할을 담당했는지 아는 것도 중요하다. 역사의 발전과정을 이해하여야 과학기술이 초래할 수 있는 여러 가지 사회문화적인 부작용을 최소화해 인간과 자연의 진정한 조화를 이끌어내는 것이 가능하기 때문이다.

과학기술에 대한 올바른 성찰은 올바른 역사의식을 바탕으로 할 때 가능하다는 것을 잊지 말자. 겨레 문화와 과학의 발자취를 더듬어 알아가는 과정은 곧 내가 이 자리에 오기까지의 과정을 배우는 것과 같으며 동시에 나의 미래를 준비하는 중요한 과정이다. 꼭 기억하자! 올바른 역사인식이 없는 과학기술은 기억상실증에 걸린 환자처럼 한걸음도 앞으로 나아갈 수 없다는 사실을.

삼국시대 고분을 탐구하는 이유

그런데 왜 이 책에서는 삼국시대 고분을 과학적으로 탐구하려고 할까? 그것은 고분이 삼국시대의 문화유산 중 가장 풍부한 유물을 담고 있기 때문이다. 삼국시대 고분은 겉보기에도 매우 크지만, 무덤 내부에 당시로서는 상상하기 어려운 귀중한 물건들을 껴묻거리로 함께 묻은 경우가 많았고 심지어 고대사회의 가장 소중한 자산인 사람이 순장되기도 했다. 삼국시대 고분의 거대한 겉모습은 지배자의 권위를 과시할 뿐만 아니라 당시 지배자의 권력이 그만큼 강력했다는 것을 상징하는 역할을 했다. 막대한 부장품이 있는 웅장한 모습의 고분은 곧 고대국가에 강력한 왕이 존재하고 있었음을 알려준다. 고분의 웅장한 모습과 그 속에 들어 있는 많은 소중한 물건들은 고분이 죽은 이를 추모하는 단순한 무덤의 의미를 뛰어넘어 한 집단의 결속을 다지기 위한 상징물이었음을 보여준다.

삼국 사회에서 가장 중요한 의미를 가진 고분 축조에 당대의 과학기술이 총동원되는 것은 당연한 일이다. 어느 시대나 가장 중요한 문제에 최고의 기술과 많은 자원이 투입되기 때문이다. 한 변 혹은 직경이 10미터가 넘는 거대한 무덤은 전통시대 토목기술의 최고봉이라고 할 수 있다. 따라서 삼국시대야말로 전통적 토목공학의 완성기이며 겨레과학기술의 성립기라고 할 수 있다. 이런 점에서 삼국시대의 무덤 축조기술에 대한 연구는 전통적인 토목기술을 이해하는 지름길이라고 할 수 있다.

전통적인 겨레과학기술은 근대화 이전의 기술이지만 그 근본원리는 현재에도 그대로 활용되고 있으며 미래의 새로운 과학기술을 개발하는 데에도 중요한 역할을 하고 있다. 다시 말해서 우리는 고분을 만들 때 적용된 과학 원리를 탐구하면서 과거의 기술을 현재에 되살리는 길을 찾을 수 있을 것이다.

고분을 과학의 눈으로 탐구하면서 우리는 우리 겨레의 문화유산에서 물리·화학·수학의 기본원리를 도출해내어 일반화된 서양 과학용어로 풀어낼 수 있으며, 어떠한 과학적 기본원리가 우리 겨레과학의 핵심인지 깨우칠 수 있을 것이다.

과학탐구를 위해 던져야 하는 질문

우리가 고분을 탐구하는 여행에서 과학의 일반원리를 밝히기 위해서는 '왜'와 '어떻게'라는 질문을 던지고 그 대답을 구하는 과정을 반복해야 한다. '왜'는 고분 속에 숨어 있는 과학 원리를 드러나게 해주는 질문이다. '어떻게'는 일반화된 과학 원리가 고분을 만드는 과정에서 실제로 적용되는 구체적인 방법을 알게 해준다.

과학 원리를 탐구하는 또 다른 방법은 '비교와 대조'이다. 비교는 공통점이나 유사점을 중심으로 탐구하는 방법이고, 대조는 차이점을 탐구하는 방법이다. '비교와 대조'는 탐구 영역에서 따로 사용되는 것이 아니라 탐구대상을 명확히 이해하기 위해서 함께 사용하는 경우가 많다. 예를 들어 고구려의 돌무지무덤과 백제 초기의 돌무지무덤을 '비교'하면 돌무지무덤이 갖는 일반적인 특징과 함께 고구려와 백제의 역사적 관련성까지 탐구할 수 있다. 한편으로 고구려의 돌무지무덤과 신라의 돌무지덧널무덤을 '대조'하면 고구려의 돌무지무덤 축조기술과 신라의 고분 축조기술을 더욱 잘 파악할 수 있다. 이러한 비교와 대조의 탐구방법은 삼국시대 고분과 다른 나라의 왕릉 또는 삼국시대와 현재 등으로 대상을 바꾸어가며 책의 전편에 걸쳐 사용될 것이다.

제1장

고분이란

무덤에서 고분으로

죽음을 애도하는 기념물, 무덤

인간은 사회적 동물이다. 혼자서 살 수 없는 인간은 사회 속에서 다양한 관계를 맺으며 생활한다. 인간은 얽히고설킨 관계로 이루어진 사회에서 태어나 자라고 자식을 낳고 마침내 죽음을 맞는다. 함께 울고 웃으며 생활했던 사람의 죽음은 나머지 사회구성원들에게 매우 큰 슬픔을 주었다. 게다가 숨도 쉬지 않고 움직이지 못하며 점점 썩어가는 주검은 죽음에 대한 두려움을 함께 주었을 것이다.

무덤은 그렇게 죽은 이에 대한 슬픔, 그리고 나도 언젠가 죽을 것이라는 두려움을 극복하기 위해 죽은 이의 몸주검을 처리하는 방식으로 만들어졌다. 그러나 처음부터 인류가 주검을 땅에 묻고 죽음을 기리는 기념물을 만든 것은 아니다. 처음에는 자신이 살고 있는 지역의 기후와 자연환경에 따라 다르게 처리했다. 건조한 기후에서는 주검을 바위나 나무 위에 얹어 놓고 들짐승이나 날짐승이 처리하도록 하는 풍장風葬이 많이 행해졌다. 바닷가나 큰 강을 끼고 있는 지역에서는 주검을 바다나 강에 떠내려 보냄으로써 물고기들이 처리하도록 하는 수장水葬이 행해지기도 했다. 기온이 높고 습기가 많은 열대지역에서는 시체가 급속히 썩어서 공동체의 건강을 위협할 수 있기 때문에 불로 태워서 처리하는 화장火葬이 주로 행해졌다.

무덤 역시 죽은 이의 시신을 처리하는 방법의 하나인 땅을 파고 묻는 매장의 결과물이다. 하지만 죽음에 대한 인간의 지성과 감성이 점차 발달하면서 단순히 주검을 처리하는 방법이었던 매장과 그 결과물인 무덤이 죽은 이를 추모하고 기억하는 기념물의 의미를 갖게 되었다.

신석기시대의 무덤

그렇다면 언제부터 사람들은 무덤을 만들었을까? 수천 년 전의 신석기시대에도 무덤을 만들었을까? 답은 '그렇다' 이다. 신석기 시대의 무덤은 그 때 사람들이 죽은 이에 대한 슬픔을 애도했다는 것을 보여준다. 또한 죽음 이후의 세계에 대한 생각을 가졌음을 엿볼 수 있다. 신석기시

죽은 사람의 시신을 뼈만 추려서 매장했던 신석기시대의 토기

대 무덤에 대해서는 알려진 것이 없었으나, 최근 남해안 지역의 신석기 유적에 대한 발굴이 진행되면서 당시 사람들의 무덤에 대해 밝혀지고 있다. 신석기시대에도 다양한 형태의 무덤이 만들어졌다. 가장 많은 형태는 땅에 구덩이를 파고 죽은 이의 시신을 묻는 것이었다. 대체로 죽은 사람의 키 정도의 길이로 얕은 구덩이를 파서 묻은 것이 많다. 하지만 동굴에 시신을 넣어 무덤처럼 사용하기도 했고 뼈만 추려서 커다란 토기에 넣어 매장하기도 했다.

신석기시대 사람들은 죽은 사람의 시신을 조개로 만든 팔찌 등 여러 가지 꾸미개로 치장하고, 시신과 함께 토기·석기 등을 무덤 안에 넣었다. 이런 행위는 신석기시대 사람들에게 죽은 사람이 사는 사후세계에 대한 관념이 있었다는 합리적인 추론을 가능하게 한다.

청동기시대와 초기 철기시대의 무덤

청동기시대에 접어들면서 생산력의 발달과 함께 사회의 규모는 신석기시대와

비교가 되지 않을 정도로 커졌다. 그리고 살고 있는 지역의 환경에 따라 다양한 문화양식이 생겨났다. 무덤의 형태도 이러한 지역적 특색이 반영되었다. 청동기시대 이후 사회의 규모가 커지고 복잡해지면서 이전과는 다른 인간관계가 생겼다. 그중 가장 커다란 변화는 불평등한 인간관계, 즉 계급의 분화였다.

권력과 부를 가진 지배층과 가지지 못한 피지배층으로 이루어진 사회에서 지배층은 자신의 권력을 과시하는 다양한 이벤트를 벌이고 기념물을 만들었다. 무덤을 만드는 일에도 지배층의 권위를 과시하기 위한 의도가 반영되었다. 무덤의 규모가 커졌을 뿐만 아니라 죽은 이의 시신과 함께 그가 생전에 사용했던 물건과 죽은 이가 얼마나 훌륭한권력이 있는 사람이었는지를 뽐낼 수 있는 물건이 묻혔다.

청동기시대에는 지역과 시기에 따라 다양한 무덤이 만들어졌다. 고인돌, 돌널무덤석관묘, 독널무덤옹관묘, 돌무지널무덤적석목관묘, 움무덤토광묘 등이 청동기시대의 무덤양식들이다.

청동기시대의 가장 대표적인 무덤양식은 고인돌이다.● 고인돌은 선사시대 돌무덤의 일종으로 지상이나 지하에 시신을 묻는 무덤방을 만들고 굄돌고인돌

전북 고창의 바둑판식 고인돌

●고인돌을 지배자의 개인 무덤일 뿐만 아니라 때로는 공동체의 집단 무덤으로 보는 견해도 있다. 또한 묘역을 표시하는 기능을 하거나 제단의 기능을 한 것도 있을 것으로 추정한다.

기원전 4세기경 돌널무덤 (충남 보령 관창리)　　기원전 4세기경의 움무덤 (전북 완주 갈동유적)

위에 넓적한 덮개돌을 올린 모습때문에 고인돌이라는 이름을 얻었다. 고인돌의 형태는 탁자식, 바둑판식, 개석식, 위석식 등으로 나뉘며 지상에 덮개돌과 받침돌, 지표면의 묘역시설, 지하에 무덤방이 있는 구조로 되어 있다. 고인돌은 전 세계에 분포되어 있지만 동북아시아지역에 가장 많다. 특히 우리나라에 3만여 기, 북한에 1만~1만 5천여 기가 분포하는데, 이는 전 세계 고인돌의 약 40%를 차지하고 있다. 우리나라에서 고인돌이 언제부터 만들어졌는지는 정확하지 않다. 전 세계의 고인돌의 대부분이 우리나라 전역에 퍼져 있다는 것은 한반도가 고인돌을 무덤으로 사용한 가장 대표적인 지역이라는 것을 의미한다.

돌널무덤石棺墓은 시베리아를 비롯한 중국의 동북지방, 한반도, 일본에서 오랜 기간에 걸쳐 많이 만들어진 무덤양식이다. 돌널무덤의 가장 일반적인 형태는 커다란 판석板石으로 동서남북의 네 벽을 만들고 그 위에 몇 장의 판석을 잇대어서 뚜껑으로 사용한 것이다.

움무덤土壙墓은 땅을 수직으로 파내려가 직사각형의 무덤구덩이를 파고 시신을 매장한 무덤이다. 한반도에서는 신석기시대부터 만들어진 것으로 보인다.

나주 신촌리 9호분 갑을병관 옹관묘

시신을 널에 넣어 움에 묻은 것을 널무덤, 널을 덧널 안에 넣고 움에 묻은 것을
덧널무덤이라고 한다.

독널무덤옹관묘은 주검을 커다란 항아리에 넣고 땅을 파서 네모난 움토광을 만
들거나 옹관을 넣을 만큼만 땅을 파서 시신을 넣은 항아리를 묻는 무덤이다.
이때 시신을 넣을 관으로 항아리 1개를 쓰기도 했고, 두 개 항아리를 서로 아
가리를 맞대어 붙여 쓰기도 했으며, 때로는 세 개를 이어서 쓰기도 했다.

독널무덤은 세계 각국에 널리 분포하는데, 중국과 일본에서는 선사시대부
터 사용되었다. 독무덤은 청동기와 초기 철기시대뿐만 아니라 삼국시대에도
하나의 고분형식으로 조성되었다.

전라남도 함평군 월야면 예덕리
만가촌에는 길쭉한 사다리꼴 모양의
독특한 고분들이 있다. 1~3세기대
것으로 추정되는 이 고분군에는 널
무덤 – 덧널무덤 – 대형옹관무덤이
시차를 두고 한 분구에 묻혀있다.

전라남도 함평군 만가촌의 고분군
사다리꼴 모양의 분구에는 다양한 무덤들이 시차를 두고
묻혀있어 무덤의 변화 양상을 눈여겨 볼 수 있다.

익산 석천리 독널무덤

이처럼 땅 위에 흙을 쌓아 분구를 만들고 그 안에 시신을 넣은 무덤을 여러차례 묻는 무덤을 흙무지무덤분구묘이라고 한다. 이 흙무지무덤을 통해 전라남도 지역의 매장 방식이 고인돌에서 널무덤, 덧널무덤을 거쳐 대형옹관묘로 변화하였음을 알 수 있다.

특히 우리나라의 영산강 유역에서는 4~5세기 무렵 거대한 분구를 조성하고 시신을 넣은 대형 독무덤을 여러 차례 넣은 흙무지무덤분구묘이 유행했다. 영산강 유역의 독무덤에는 고도의 토기 제작기술이 없으면 만들기 어려운 대형의 독널을 사용되었는데, 금동관, 금동신발, 고리자루칼 등이 함께 발굴되었다. 영산강 유역의 대형 고분들은 해당 지역을 지배하던 실력자의 무덤으로 추정되고 있다.

고분의 등장

고구려, 백제, 신라가 중앙집권적 고대국가의 기틀을 마련하고 서로 경쟁하며 강력한 왕국을 건설할 무렵 거대한 무덤인 고분이 등장하였다. 고분古墳이라는 말을 한자의 뜻대로 해석하면 '옛古 무덤墳'으로 과거에 만들어진 무덤을 모두

포괄한다. 그러나 고고학에서는 일반적으로 특정 시기, 대략 삼국시대를 전후한 고대국가 성립단계의 지배계층의 무덤으로서 '지배권력의 표상이자 사회상을 반영하는 무덤'을 가리키는 용어로 사용되고 있다.

고분은 왕을 중심으로 한 지배층의 무덤이기에 그들이 주로 머물던 지역에 만들었다. 그래서 대부분의 고분은 중심지인 수도와 그 인근 지역에 분포되어 있다. 삼국의 지배층은 살았을 때는 권력을 휘두르며 주변 지역을 정복하고 국가를 다스렸으며, 죽은 뒤에도 거대한 무덤을 만들어 힘과 권위를 과시하고자 했고 무덤 안을 호화롭게 꾸며 권력과 영화가 영원하기를 기원했다.

고분의 발굴과 연구

사람들은 보통 고고학자에 대해 '거대한 옛 무덤을 찾아 그 안에 있는 온갖 보물을 찾는 사람'이라는 이미지를 갖고 있는데, 이런 이미지에 가장 어울리는 배경이 아마 고대 삼국의 고분일 것이다. 영화에 등장하는 고고학자는 "고대의 보물을 찾는 사람"으로 그려지는 경우가 많다. 사람들은 영화나 드라마에 표현된 것을 사실로 생각하는 경향이 강하다. 그래서 삼국의 고분 발굴과 관련한 소식은 고고학에 특별한 관심을 갖지 않던 일반 사람들까지 관심을 갖는 뉴스거리이다. 그러나 그 관심은 고분 자체가 아니라 고분 안에서 발견될지도 모르는 번쩍이는 보물에 대한 것이 대부분이다.

고고학자들이 고분을 발굴하면서 함께 묻힌 보물에 관심을 갖지 않는 것은 아니다. 그러나 고고학자들의 관심은 보물의 많고 적음에 있는 것이 아니라 고분의 발굴과 연구를 통해서 당시 사회의 생활상을 보다 정확히 재현하는 데 있다. 고고학자들은 왕릉이나 이와 비슷한 지위의 고분에 대해 명확히 규명하기 위해 형태나 크기, 매장시설의 특징, 피장자의 성별, 사망 연령과 껴묻거리의 특징 등을 조사한다.

우리나라의 고분들은 그곳에 묻힌 주인공피장자이 누구인지 정확히 알 수 있는 경우가 매우 드물다.● 따라서 피장자에 대한 판정은 고분에서 나오는 껴묻

●고구려, 백제, 신라 및 가야의 고분 중에서 묻힌 이가 누구인지 이름이 명확히 드러난 왕릉은 백제의 무령왕릉 정도이다.

거리와 고분을 만들 때 사용된 다양한 재료, 그리고 벽화가 그려진 경우에는 그림 속 인물이나 배경 그림, 글씨가 새겨진 벽돌이나 기와조각 등을 꼼꼼히 조사한 후 문헌 기록과 일치하는 부분을 찾아 추정하는 방법을 사용한다.

이렇게 고분에서 나오는 다양한 자료를 조사해 피장자가 누구인지, 또는 당시 사회에서 그가 어떤 위치에 있었는지, 더 나아가서 당시 사회의 생활 모습까지 추리해 복원하는 과정은 종합적인 사고를 요구한다. 고고학자들의 연구 과정은 마치 범행 현장에서 여러 가지 증거를 수집하고 주변 사람들과 상황을 탐문 조사한 다음 마침내 범인을 밝혀내는 명탐정의 수사과정과 흡사하다. 고고학이야말로 역사학 분야에서 과학적인 탐구방식이 가장 잘 사용되는 분야일 것이다. 이러한 관련성으로 인해 고고학의 발굴과 그 이후의 연구는 과학과 밀접하게 연관되어 진행된다.

<h1 style="text-align:center">고대인의 내세관</h1>

내세관의 형성

> 어떤 문명이 지혜로운 문명인가 아닌가를 판가름하는 첫 번째 요소는 〈죽은 이들에
> 대한 숭배〉이다. 인간들이 시신을 쓰레기와 함께 버렸던 시절은 짐승이나 다름없었
> 다. 인간들이 시신을 매장하거나 화장하기 시작한 것은 문명사에 획을 긋는 중요한
> 사건이었다. 사자死者를 돌보는 것은 눈에 보이는 세계 위에 놓인 눈에 보이지 않는
> 피안의 세계를 상정하는 것이다. 또 사자를 돌본다는 것은 인생을 이승에서 저승으
> 로 옮겨가는 과정으로 간주하고 있다는 것을 의미한다. 모든 종교적인 행동은 거기
> 에서 유래한다. ●

　위 글에서처럼 죽은 이를 떠나보내는 의식행위는 인간이 만든 문명의 역사에서 중요한
전환을 보여준다. 인간이 동물과 가장 뚜렷하게 다른 것은 눈에 보이지 않는 세계에 대해
의식을 가진 점이다. 그리고 인간만이 사후세계와 관련한 인식을 표현하기 위한 절차를
갖는다. 죽음 이후의 세계에 대한 인식이 만들어낸 절차가 바로 상장례喪葬禮이다. 상례喪
禮는 사자의 죽음부터 시신을 매장하기 전까지의 절차를 말하고, 장례는 시신을 매장하는
절차를 말한다. 이러한 절차는 죽음 뒤의 세계를 어떻게 생각하느냐에 따라, 또한 종교와
지역 그리고 민족에 따라 다르다. 그러나 모든 상장례의 공통점은 죽음이 인생의 끝이 아
니라고 생각한다는 점이다. 그 점이 바로 인간이 갖는 고유한 특징인 것이다.

● 베르나르 베르베르, 2009, 「상대적이며 절대적인 지식의 백과사전」, 열린 책들.

죽음, 이승에서 저승으로의 여행

우리는 산 자들의 세계를 이승이라고 부르고 죽은 사람들이 머무는 곳을 저승이라고 부른
다. 인간의 죽음은 산 자들의 세계이승에서 죽은 자들의 세계저승로 옮겨가는 과정이다. 이
과정은 보통 여행으로 표현되는 경우가 많은데, 그 여행을 안내하는 존재저승사자를 설정하

기도 하고 아무나 갈 수 없는 세계인 저승으로 가기 위해 꼭 건너야 하는 강을 설정하기도 한다. 저승길을 가로질러 흐르는 강은 산 사람은 절대로 건널 수 없으며, 죽은 자가 건너면 다시는 돌아올 수 없는 곳이다. 우리나라 민간신앙에서는 그 강을 황천이라고 불렀다.

크리스트교에도 이와 비슷한 표현이 있다. "요단강을 건너다"라는 표현이다. 원래 요단강은 하나님을 믿는 사람들에게 약속한 땅인 가나안으로 가기 위해 건너야 하는 강 이름이었다. 이러한 '요단강'이 천국으로 가는 길에 있는 강으로 의미가 확장되어 사용된 것이다.

그리스 신화에는 사람이 죽으면 저승으로 갈 때 건너는 강이 다섯 개 등장한다. 죽은 자는 아케론, 코퀴토스, 플레게톤, 스틱스, 레테 등 다섯 개의 강을 건너야 비로소 저승에 도달하게 된다.

불교에서도 저승으로 가는 길에 건너야 하는 강이 있다. 그 강이 삼도천이다. 삼도천은 죽은 영혼이 죽은 지 7일째 되는 날 건너는 강으로 살아 있을 때 자신의 업에 따라 산수뢰, 강심연, 유교도 등으로 갈라져 건너게 된다.

●

왜 삼국시대 사람들은 고분을 만들었을까

삼국시대 사람들이 커다란 고분을 만든 이유는 무엇일까? 가장 중요한 이유는 죽은 이에 대한 추모의 표현이었을 것이다. 삼국시대 사람들에게도 사랑하는 가족의 죽음은 매우 놀랍고 슬픈 일이었을 것이다. 늘 함께 지내던 사랑하는 부모나 자식 또는 배우자를 더 이상 볼 수 없다는 사실은 심장을 에이는 듯한 고통처럼 견디기 어려운 일이다. 이런 슬픔을 이겨내기 위해서 남겨진 사람들은 죽은 이의 시신을 매장하는 기념물을 만들어 스스로 위안을 삼고자 했다.

또한 죽음은 사랑하는 가족에게만 일어나는 것이 아니다. 다른 사람이 아닌 자신에게도 어느 순간 갑자기 닥칠 두려운 일이기도 하다. 어린 시절 잠자리에 누워 어두운 천장을 바라보다 갑자기 '내가 죽으면 어떻게 되지?' 하는 생각에 이리저리 뒤척이다 엄마 품에 파고들어 겨우 잠든 적이 없는가? 피할 수 없는 죽음이 주는 두려움에서 벗어나기 위해 죽음 이후의 세상에 대한 관념이 생겨나게 되었다. 즉, 죽음이 끝이 아니라 새로운 시작일 수 있다는 생각으로 죽음이 주는 두려움을 이겨내려고 했다. 이러한 생각을 내세관이라고 한다. 무덤은 사후세계가 존재한다는 내세관을 바탕으로 죽은 이의 편안히 쉴 곳으로 만들어지게 되었다.

그렇다면 왜 고분을 크고 웅장하게 만들었을까? 그것은 삼국시대의 고분이 단순히 죽은 사람을 위해서가 아니라 살아 있는 지배자의 필요에 의해 만들어졌기 때문이다. 고분은 죽은 이를 위한 공간으로 꾸며졌지만, 실제로는 삼국시대 지배층의 정치적 목적에 의해 만들어졌다. 선대 권력자의 고분을 거대하고 화려하게 꾸미는 일은 그 당시의 권력자가 가진 권위를 그만큼 높이는 효과를 가져왔다. 이런 이유로 당대의 토목 건축기술이 총동원되어 축조된 거대한 고분은 그곳에 묻힌 이전 지배자의 정치권력을 계승한 새로운 지배자의 권위를 보여주는 상징물 역할을 하게 되었다.

고분은 지배자의 정치권력을 강화하는 기능뿐만 아니라 지배자의 권력이 미치는 국가나 사회의 구성원을 하나로 묶는 정신적 통합의 상징물 역할도 했다. 많은 돈과 시간 그리고 노동력이 동원되는 대규모 고분축조는 전체 사회 구성원의 관심과 참여가 필수적이었다. 무력에 의한 강제적인 동원만으로 고분이 만들어졌다면 지배자들은 백성의 원망과 불만에 시달려야 했을 것이다. 오히려 지배자는 고분 축조를 통해 백성의 불만과 원망을 잠재우고 자신의 지도아래 공동체를 하나로 통합하려고 시도했을 것이다. 또한 고분에 담겨 있는 사후세계에 대한 믿음은 지배층뿐만 아니라 사회 구성원 전체에 퍼져서 당시 사람들의 사후세계에 대한 공통적인 믿음이 되었다.

고분의 분류

고분의 주인공에 따른 분류: 총, 능

고분은 무덤 속에 잠든 주인이 누구인지에 따라 능陵과 총塚으로 부른다. '능'은 고분에 묻힌 주인이 왕 또는 왕에 버금가는 지위에 있었고 그 주인공이 누구인지 비교적 확실한 경우에 사용하는 명칭이다. 예를 들어 공주 송산리의 무령왕릉은 1971년 발굴 당시 고분의 주인이 누구인지 알 수 있는 글이 적힌 돌판이 나왔다. 무령왕릉의 무덤방으로 가는 무덤길 입구 한가운데 놓여 있던 그 돌판에는 "영동대장군 백제 사마왕"이라는 글자가 새겨져 있었다. 『삼국사기』와 중국의 역사책 등에 백제의 무령왕이 중국 양나라로부터 '영동대장군'의 작위를 받았다는 기록이 있어서 고분의 주인이 무령왕임을 확인할 수 있었다.

무령왕릉 지 석 (국립공주박물관)

‘총’은 고분의 주인이 왕이거나 비슷한 지위의 인물로 추정할 만큼 고분의 규모가 크지만 누구인지 명확하지 않은 경우에 붙이는 명칭이다. 중국 지린성 지안에 있는 장군총은 규모나 구조에서 고구려 왕의 고분이 확실하지만 그 주인공이 누구인지 추정할 만한 명확한 단서가 발견되지 않아 그 명칭을 ‘장군총’이라고 했다.

고분의 겉모습에 따른 분류: 분, 묘

‘분墳’이라는 용어는 일반적으로 무덤을 가리키거나 흙으로 주검이 묻혀 있는 부분을 덮어서 커다란 봉토가 있는 무덤을 가리킨다. 고고학에서는 땅 위로 커다랗게 흙을 쌓아 올린 모습의 고분을 가리키는 용어로 사용된다. 이에 비해 ‘묘墓’는 흙으로 쌓아올린 봉분이 없는 고분을 가리킨다. 최근에는 지하의 매장시설을 한정해 묘라고 부르는 고고학자들이 많다. 분묘라고 쓸 때에는 매장시설과 그 위의 봉토가 함께 조사 발굴된 경우에 붙는 일반적인 고분의 호칭이라고 생각하면 될 듯하다.

묘제로 분류하는 방법

죽은 이를 묻는 방식을 묘제墓制라고 한다. 죽은 이를 묻는 방식은 무덤을 조성할 당시의 사회가 죽음을 어떻게 생각했는지 보여주는 중요한 부분이다. 또한 지역과 권력층의 성격을 반영하고 있는 묘제는 여간해서는 바꾸지 않기 때문에 지역마다 또는 시기마다 다르게 나타난다. 쉽게 설명하면 조상 대대로 내려오는 전통적인 장묘방식을 하루아침에 바꾸는 일은 벌어지지 않는다는 뜻이다. 묘제는 큰 변화가 없는 한 그대로 내려오는 경향이 강해 고분의 지역성과 역사성을 밝히는 중요한 연구 대상이다.

묘제에 따라 구덩이를 파고 시신(또는 시신이 든 관)을 위에서 아래로 묻는 구덩식수혈식고분과 옆으로 굴을 파서 입구를 만들고 그 길로 시신을 매장하는 굴식횡혈식고분으로 분류한다. 어떤 방법으로 묻느냐에 따라 장제葬制(죽은 이를 처리하는 방식)에 큰 차이가 생기게 된다.

위에서 아래로 매장하는 구덩식 고분

구덩식수혈식고분은 지하에 구덩이(묘광墓壙)을 파고 매장시설을 설치한 다음 위에서 아래로 시신(또는 관)을 넣어서 매장하는 방법이다. 구덩이를 파고 시신을 넣는 방식은 인류가 죽은 이의 무덤을 만들 때 가장 먼저 그리고 지역적으로 가장 널리 쓰던 방식이었다. 처음에는 흙구덩이에 시신을 그대로 넣다가 움무덤, 점차로 구덩이의 네 벽에 나무·돌 또는 벽돌을 이용해 널관과 덧널곽을 만들었다.

구덩식고분의 특징은 시신 또는 시신을 넣은 관을 직접 구덩이에 넣기 때문에 시신을 운반하는 입구가 따로 마련되어 있지 않고 시신을 운반하는 무덤길연도와 묘도을 만들지 않는다는 점이다. 구덩이의 안쪽에 돌을 이용해 돌덧널이나 돌방을 만드는 형식은 삼국시대에 유행했는데, 가야지역에서 구덩식돌덧널고분이나 돌방무덤이 가장 많이 발견된다.

구덩식고분의 축조과정은 다음과 같다. 먼저 무덤을 만들 자리를 정하고 구획을 나누는 기반조성을 한 다음 구덩이를 네모나게 지하로 판다. 네모난 구덩이의 사방 벽을 돌로 쌓은 다음 그 안에 시신을 넣은 관이나 곽을 넣는다. 그

구덩식 고분의 축조과정

리고 천장을 커다란 판석으로 몇 장 이어 올려 닫은 다음 그 위를 흙으로 쌓아 올려서 무덤 공사를 완료한다. 구덩식고분은 위에서 아래로 수직으로 시신을 넣은 매장주체시설 위에 봉토를 쌓아 올림으로써 매장은 끝나고, 새롭게 시신을 그곳에 넣는 것은 불가능하다.

입구를 통해 매장하는 굴식고분

봉토를 쌓아 올리면 매장이 끝나고 무덤으로 들어가는 입구가 없는 구덩식에 비해 굴식橫穴式고분은 관이나 시신을 안치하는 방室●에 들어가기 위한 입구시설과 함께 널길연도●●이 있다. 굴식고분은 형식과 구조가 매우 다양하며 사용되는 재료도 다양하다. 굴식고분의 축조과정은 다음과 같다. 먼저 무덤을 만들 자리를 고르고 땅을 다지는 기반조성을 하고 그 위에 돌을 이용해 돌방석실●●●을 만든 후 그 위에 흙을 쌓아 올려 봉토를 만들고 미리 만든 무덤의 입구를 통해 주검 또는 주검을 넣은 관을 넣은 후 입구를 폐쇄한다.

굴식무덤은 기존의 구덩식 장례방법과 비교해 근본적인 변화를 가져왔다. 왜냐하면 무덤의 입구를 통해 하나의 고분에 여러 번 장례를 치를 수 있게 되었기 때문이다. 이렇게 여러 번 장례를 치르는 것을 추가장이라고 한다. 굴식무덤은 묘도, 널길, 입구, 현실(시상대 또는 관대, 부장공간), 봉토로 이루어져 있다.

이외에도 기본적으로 굴식고분의 장제이지만 널길이 없고 묘도와 입구가 있거나 아니면 묘도 없이 입구만 있는 형태를 앞트임식고분이라고 따로 구분해 부른다. 앞트임식고분은 구덩식고분에서 굴식고분으로 장례방법이 변화하는 과정에서 만들어진 고분형태라고 생각되고 있다.

●고분의 주인공이 묻히는 곳을 현실세계의 방처럼 만든 것을 방(실室)이라고 한다. 방室은 출입할 수 있는 입구와 널길羡道가 있어서 통행이 가능한 구조이다. 시신을 안치하기 위한 것은 널棺이라고 하고 널을 보호하기 위해 만든 덧널槨은 널 이외에 함께 묻는 껴묻거리를 보호하는 기능을 지닌 것으로 널보다 규모가 크다. 그러나 널 없이 덧널槨만 있는 경우도 있다.

●●널길 위로 천정을 덮는 개석이 있는 경우를 연도라고 하고, 단순히 주검을 운반하기 위한 통로로 양쪽에 벽만 있는 것을 묘도라고 한다.

●●●돌방은 별도의 벽석, 천정, 입구시설을 갖추고 있다.

굴식무덤

　우리나라 고분의 변화과정을 보면 구덩식고분이 먼저 사용되었으며, 이후 중국의 영향을 받아 한반도와 일본 열도에서 굴식고분이 유행했다. 삼국 중에서는 고구려가 가장 먼저 굴식고분을 받아들였고 5세기에 들어 백제·가야·신라에서도 만들어지기 시작했다. 그러나 이런 변화가 쉽게 받아들여지지는 않았을 것이다. 한 사회에서 만들어진 문화양식은 그 사회의 특징을 반영하기 때문에 쉽게 변하지 않는다. 구덩식고분에서 굴식고분으로의 변화 역시 갑자기 이뤄지지는 않았을 것이다. 그래서 구덩식고분과 굴식고분의 중간형태인 앞트임고분이 나타났던 것이다.

널, 덧널, 방을 구별하는 법

고분의 명칭을 보면 널(관棺), 덧널(곽槨), 방(실室) 등의 용어가 나오는데 제대로 구분하기가 여간 까다롭지 않다. 먼저 널은 시신을 안치하기 위한 시설을 말한다. 널은 나무, 항아리, 돌판(석판石板) 등으로 만들었다.

　덧널●은 널보다 규모가 큰 시설로 기본적으로 관을 보호하는 용도로 만들

●돌널과 돌덧널의 구분은 쉽지 않다. 일반적으로 지하에 구덩이를 깊게 파고 깬 돌이나 자갈돌을 쌓아 직사각형의 덧널을 짠 것을 돌덧널이라고 한다. 돌널은 이와 비슷하지만 판돌(판석板石)을 이용해 네 벽을 막는 경우가 많다. 직접 시신을 안치한 경우를 돌널이라고 하고, 시신을 넣은 널과 껴묻거리가 함께 있다면 돌덧널로 파악한다.

었다. 덧널은 시신을 넣은 널과 시신의 사후세계를 위한 껴묻거리를 넣을 공간을 포함하고 있다. 그러나 어떤 무덤은 널이 없이 시신과 껴묻거리를 넣은 덧널만 있는 경우도 있다.

방은 현실세계의 방처럼 드나드는 입구시설이 있는 것을 말한다. 돌방은 돌덧널과 구분하기 어려운 경우도 있지만, 보통 돌덧널보다 규모가 크고 무엇보다 방을 드나드는 입구시설이 명확한 경우 그리고 널길이 있는 경우 돌방으로 파악한다.

대중가요에서 보는 죽음과 무덤

(육교 위의 네모난 상자 속에서 처음 나와 만난 노란 병아리 얄리는 다시 조그만 상
자 속으로 들어가 우리 집 앞뜰에 묻혔다. 나는, 어린 내 눈에 처음으로 죽음을 보
았던 1974년의 봄을 아직 기억한다)

내가 아주 작을 때 나보다 더 작던 내 친구/ 내 두 손 위에서 노랠 부르며
작은 방을 가득 채웠지/ 품에 안으면 따뜻한 그 느낌
작은 심장이 두근두근 느껴졌었어
우리 함께한 날은/ 그리 길게 가진 못했지
어느 밤 얄리는 많이 아파/ 힘없이 누워만 있었지
슬픈 눈으로 날갯짓하더니/ 새벽 무렵엔 차디차게 식어 있었네

굿바이 얄리/ 이젠 아픔 없는 곳에서
하늘을 날고 있을까/ 굿바이 얄리
너의 조그만 무덤가엔/ 올해도 꽃은 피는지

눈물이 마를 무렵/ 희미하게 알 수 있었지
나 역시 세상에 머무르는 건/ 영원할 수 없다는 것을
설명할 말을 알 순 없었지만/ 어린 나에게 죽음을 가르쳐 주었네

굿바이 얄리/ 이젠 아픔 없는 곳에서
하늘을 날고 있을까/ 굿바이 얄리
언젠가 다음 세상에도/ 내 친구로 태어나 줘

●대중가요 NEXT의 〈날아라 병아리〉 가사 전문

대중가요에서 가장 흔한 주제는 사랑하는 사람과의 '이별'이다. 이별 중에서 가장 슬픈
이별이 죽음으로 인한 이별이기 때문에 애잔한 노래들 중에서는 사랑하는 사람의 죽음을
슬퍼하는 노래가 많다. 많은 대중가요 중에서 죽음이 주는 깊은 슬픔과 애도를 가장 잘 보
여주는 노래가 〈날아라 병아리〉이다. 이 노래는 마왕이라는 별명을 가진 신해철이 리더
였던 그룹 NEXT가 1994년 발표한 곡이다. 이 노래에서 여덟 살 어린 아이는 병아리의 죽

음으로 죽음이 주는 의미를 깨닫게 되고 또 병아리를 위해 무덤을 만들면서 애도의 감정을 표현하는 방법을 알게 된다.

이러한 애도의 감정과 표현은 선사시대에서부터 현대에 이르기까지 비록 형식과 내용은 다르지만 인류의 전 시대에 걸쳐서 이어져 내려오고 있다. 삼국시대의 고분도 비록 지배자의 권력을 과시하려는 정치적인 목적이 중요했지만, 사회 구성원 전체가 고분의 주인공에 대한 애도의 감정을 갖고 있지 않았다면 만들기 어려웠을 것이다.

고분의 구조

과학은 뜯어보기를 좋아한다. 개구리를 해부하고 멀쩡한 시계를 뜯어보는 일은 과학하기의 기본이라고 할 수 있다. 어렸을 적에 뜯어보기를 잘했던 사람 중 위대한 과학자가 된 이들을 자주 볼 수 있다. 왜 자꾸 멀쩡한 물건이나 동물을 분해하고 해부하는 일이 과학적인 탐구활동이 될까? 그것은 분해와 해부 등의 활동을 통해 사물과 생명체의 구조와 기능을 익히기 때문이다.

우리 몸은 모양과 기능에 따라 여러 부분으로 나뉜다. 크게 머리, 몸통, 팔다리로 구분하면 몸을 구성하고 있는 부분과 그 기능을 쉽게 알 수 있다. 이렇게 하나의 사물이나 생명체를 몇 부분으로 나누어 설명하는 것을 구조라고 한다. 전체를 몇 부분으로 나누어 파악하면 왜 그런 모습을 하고 있는지 쉽게 이해할 수 있다. 전체를 기능과 형태에 따라 몇 부분으로 나누어 파악하는 방식은 탐구대상을 이해하는 기본적인 방법이다. 이와 같이 기능과 형태에 따라 고분을 몇 부분으로 나누어 보면 구조를 이해하는 데 도움이 된다.

고분의 구조는 겉모습을 거대하고 웅장하게 보이기 위한 외관, 내부 매장시설, 피순장자나 껴묻거리를 넣는 공간 등으로 나눌 수 있다. 고분의 외양을 결정짓는 것은 고구려와 백제 초기의 돌무지무덤을 제외하고는 흙을 올려 쌓은 봉분의 크기이다. 죽은 이를 매장하는 방법은 죽은 이가 잠들어 있는 매장주체시설의 형태로 알 수 있다. 또한 무덤 내부의 다른 시설이 있는지의 여부는 당시 장려풍습을 알 수 있게 해준다.

봉분은 죽은 이의 시신이 안치된 매장주체시설의 윗면 또는 좌우와 윗면에 쌓은 흙더미를 말한다. 봉분은 죽은 이가 잠들어 있는 매장주체시설을 보호함과 동시에 무덤의 존재를 알리고 무덤의 규모를 과시하는 역할을 한다.

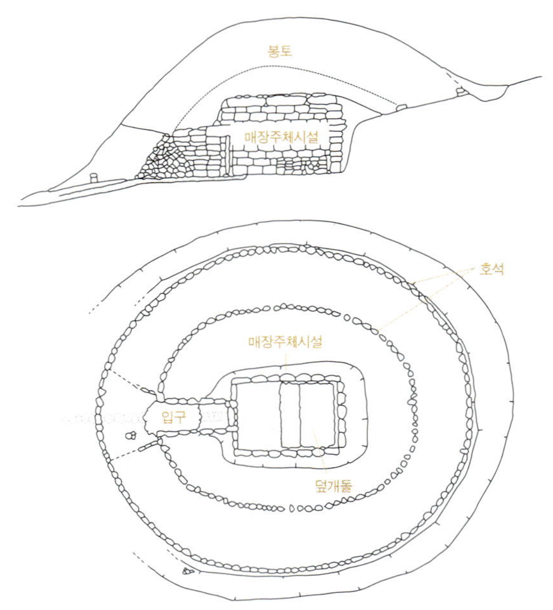

고분의 구조
고분의 구조는 시신과 껴묻거리를 넣은 매장주체시설, 매장주체시설을 덮은 봉토 등으로 구성된다.

규모가 큰 고분은 봉토의 밑 부분을 감싸는 호석이 설치되어 있다. 호석은 봉토를 이루는 흙이 휩쓸려 내려가는 것을 방지하고 묘역 구획과 고분의 외연을 표시하는 역할을 한다. 무덤을 둘러싸지 않고 한 부분에만 호석을 설치하기도 이중 또는 두 단으로 설치하기도 한다. 또한 높은 산에 고분을 만드는 경우 봉분 후면에 주구를 만들기도 한다.

매장주체시설은 죽은 이의 시신이 안치된 곳이다. 시신은 널목관이나 돌널석관에 넣어서 다른 껴묻거리와 함께 다시 돌방석실이나 돌덧널석곽으로 보호한다. 하지만 돌널 없이 돌덧널 안에 시신과 껴묻거리를 넣는 경우도 있다. 매장주체시설에 있는 껴묻거리와 여러 유물은 고분의 주인공이 누구인지 판단하는 중요한 근거가 되는 동시에 당시 사람들의 생활모습을 알려주는 중요한 증거이다. 이렇듯 고분을 이루는 모든 시설은 상호 유기적인 관계로 이루어진다.

철학과 신앙, 과학의 관계

선사시대의 인간에게 세계는 놀라움과 두려움 그 자체였을 것이다. 갑자기 뜨겁고 붉은 빛 덩어리가 하늘로 떠올라 세상을 밝게 비추는가 하면 어느새 서쪽으로 기울더니 사라져 아무것도 보이지 않는 칠흑 같은 어둠이 찾아온다. 때때로 하늘에서 셀 수 없는 물방울이 떨어지고, 어느 날에는 붉은 빛 덩어리가 그 힘을 잃고 하늘에서 차가운 얼음송이가 떨어져 살 수 없는 날들이 지속된다. 게다가 살아가기 위해서는 무엇이든지 먹어야 하는데 식물은 먹을 수 있는 것인지 말해주지 않고 동물은 도망가거나 해치려고 달려든다.

세계는 나약한 인간에게 너무나 불친절하다. 세계를 모른다는 것은 인간에게는 커다란 두려움이었다. 하지만 인간과 동물의 차이점이 여기서 비롯되었다. 동물은 주어진 환경에 순응하면서 살았다면, 인간은 두려움을 벗어나기 위해 자신을 둘러싼 세계를 해석하려는 시도를 멈추지 않았다. 불친절한 세계에서 인간은 경험과 탐구를 통해 세계가 품고 있는 비밀을 하나씩하나씩 밝혀나갔다. 이렇게 얻은 자연에 대한 지식은 다음 세대로 이어지면서 더욱 발전해 하나의 체계를 이루게 되었는데 우리는 이러한 지식과 생각의 체계를 '과학'이라고 한다.

철학 역시 자연과 삶에 대해 끊임없이 질문을 던지고 그 대답을 스스로 찾아가는 과정에서 성립한, 세계와 인간에 대한 커다란 생각의 체계이다. 과학이 인간이 겪는 수많은 경험을 연결하고 탐구해 이치를 발견하고 합리적인 해답과 결론을 얻어내는 것이라면, 철학은 세계와 인간에 대한 나름대로의 해답을 찾는 과정으로 결국 추구하는 목적은 통하는 면이 있다. 그 목적은 바로 '알지 못하는 두려움에서 벗어나는 것'이라고 할 수 있다.

그렇다면 신앙은 어떨까? 신앙 역시 '두려움에서 벗어나려는 인간의 노력' 속에서 만들어진 생각의 체계라고 할 수 있다. 다만 신앙은 인간의 나약함을 인정하고 '눈에 보이지 않는 세계와 존재에 대한 믿음'으로 두려움에서 벗어나려고 하는 점이 차이점이다. '죽음'이라는 자연 현상에 대해 과학은 생명활동을 규명하고 오래 사는 방법을 찾는다면 철학은 '나의 죽음과 세계가 갖는 의미'를 찾는다. 그렇다면 신앙은? '죽음 이후의 세계에 대한 믿음'으로 죽음을 극복하려고 한다.

고분 속에는 인간이 '죽음'이라는 두려운, 그러나 피할 수 없는 자연 현상에 대처하는 과학, 철학, 신앙의 체계가 서로 조화를 이루며 들어 있다.

삼국시대의 고분을 보면서 가장 먼저 떠올리는 것은 어두컴컴한 거대 고분 안에 숨겨져 있는 찬란한 보물일 것이다. 혹시 국사시간에 삼국의 고분에 대해서 배운 기억이 어느 정도 남아 있다면 굴식돌방무덤이니 돌무지덧널무덤이니 하는 고분의 형식적인 분류를 떠올릴지도 모르겠다. 그러나 고분은 삼국시대 최고의 건축기술과 과학기술이 총동원된 거대한 토목건축물이다.

고분을 제대로 탐구하기 위해서는 고분이 죽음의 두려움을 이기고 새로운 삶을 꿈꾸는 공간이자, 살아 있는 권력자가 자신의 권력을 과시하기 위해 세운 거대한 건축물이라는 고분의 성격을 이해해야 한다. 고분의 성격을 이해하면 수백 년이 지나도 무너지지 않는 거대한 고분을 쌓기 위해 왜 다양한 건축기술이 사용되었는지 이해할 수 있고 또한 그러한 기술에 어떤 과학 원리가 응용되었는지 파악할 수 있을 것이다.

사회적인 목적이 없는 과학기술은 있을 수 없다. 과학기술은 당시 사회가 가장 관심을 가진 문제를 해결하는 데 집중된다. 삼국시대 과학기술은 당시 집권층이 가장 관심 있는 부분에 집중적으로 이용되었다. 삼국의 집권층이 고분에 쏟은 관심은 매우 컸고, 그러한 관심이 막대한 자금과 인력의 동원과 함께 당대 최고의 기술을 고분에 쏟을 수 있는 원동력이 되었다. 고분의 구조와 고분 축조과정에 적용된 삼국시대의 첨단 기술을 탐구하고 그 과학적 원리를 찾아보도록 하자.

과학기술자의 활약

삼국시대 무덤의 거대한 봉토나 분구를 축조하고 그 내부에 돌방을 구축하는 작업은 거리의 측량, 면적과 부피의 계산, 힘과 중력의 계산, 경사도 계산 등 토목공학과 기하학적 지식의 뒷받침 없이는 불가능한 일이었다. 따라서 거대한 무덤을 축조하던 삼국시대에는 고도로 발달한 측량술과 토목기술이 보급되었을 것이다. 이런 전문적인 기술은 아무나 가질 수 있는 것이 아니었다. 기술을 보유한 전문가는 가문 대대로 지식과 기술을 전수받으며 활동했음을 쉽게 짐작할 수 있다. 대표적인 예는 중국에 귀화한 후 관리가 되어 부엽공법을 활용해 작피芍陂(현재의 안휘성 수현 안풍당)의 보수를 담당한 왕경王景의 집안을 들 수 있다.

경주의 남산신성비南山新城碑는 돌을 다듬고 세우는 작업을 지휘하는 다양한 기술자집단이 신라 사회에 존재하였음을 보여준다. 남산신성비는 6세기 말 7세기 초 무렵 남산신성을 쌓고 세운 비석으로 현재까지 총 10개의 비석이 발견되었다. 비석에는 맹세의 글, 축성에 참여한 인물, 각각의 집단이 쌓은 거리 등을 기록하고 있어서 어떻게 성을 쌓았는지는 물론 국가가 대규모 국책사업에 어떻게 백성을 동원했는지를 잘 보여주고 있다.

또한 이성산성에서는 당척唐尺●이 표시된 '자'가 발굴되어서 삼국시대부터 건축물의 축조에 측량기술이 사용되었음을 말해주고 있다. 일본에서는 측량과 건축에 전문적인 지식을 가진 자들을 산사算師라고 불렀는데 그들은 중세에 토지개방과 장원확장에서 중요한 역할을 담당했다. 백제에는 벽돌을 만들고

●당나라의 도량형으로 당시 동아시아에 널리 사용되었다. 당척은 현대의 미터단위로 환산하면 29.694㎝인 0.98곡척曲尺을 1자로 정했다.

고대 일본에서 측량에 사용된 자
한반도에서도 이런 자가 사용되었을 것이다. 출처 『고대의 토목기술(古代の土木技術)』

축조하는 과정을 총괄하는 와박사瓦博士가 있었는데, 박사란 당시 최고기술자
를 일컫는 용어였다.

고분을 축조하려면 먼저 만들 장소를 선정하는 것이 중요하다. 고분의 자리는 일반적으로 무덤의 위치로 좋다고 생각하는 양지바른 산등성이로 결정하는 경우가 많고 외곽에 별도로 정하기도 했다. 삼국시대 고분은 강력한 지배층의 권력을 과시하기 위한 정치적인 목적이 강하였으므로 대부분 수도나 그 주변에 장소를 마련했다. 고분 만들 자리를 정하고 바닥의 형태와 면적을 정하는 일은 고분의 형태와 크기를 결정하는 중요한 일이다.

장소를 정했으면 고분을 만들기 위해 바닥을 고르는 작업을 한다. 이것을 정지整地라고 한다. 산등성이에 고분을 축조하려 한다면 산 정상 쪽으로 경사졌기 때문에 위쪽은 깎아내고 아래쪽은 흙을 쌓고 다져야 한다. 그리고 바닥 다지는 작업을 한다. 왜 바닥을 다져야 할까? 그것은 우리가 딛고 서 있는 땅이 생각만큼 단단하지 않기 때문에 단단하게 만들기 위해서이다. 멀쩡한 건축물이 기울거나 심지어 무너지는 원인은 건축물이 딛고 서 있는 땅에서 일어나는

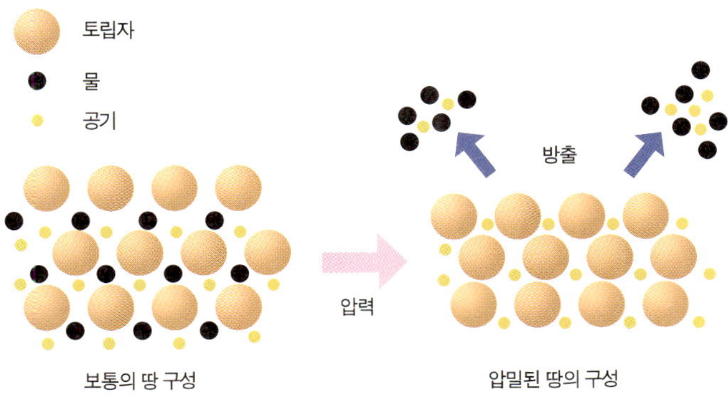

흙의 구성과 토질의 압밀현상

변화 때문이다.

땅은 대부분 흙으로 이루어져 있
고 그 흙은 여러 가지 구성물로 이루
어져 있다. 흙은 흙입자와 그 외에
간극 부분, 그러니까 입자와 입자 사
이의 공간으로 이루어져 있다. 그리
고 흙입자 사이의 공간에는 보통 물
과 공기가 들어차 있다. 우리가 흙이
라고 알고 있는 것은 흙입자와 공기
와 물이 섞여 하나의 덩어리를 이루
고 있는 것을 말한다.

물론 우리가 이런 땅의 본 모습을
느끼는 것은 거의 불가능하다. 몸무
게가 아무리 많이 나간다고 해도 걷

부등침하의 대표적인 예인 피사의 사탑
지반이 약한 부분이 내려앉으면 건물이 이렇게 된다.
200년간 여러 차례 노력했지만 피사의 사탑이 기우는
것을 막지 못했다.

거나 뛰는 것으로 땅에 변화를 줄 정도는 아니니까. 그러나 건물 등의 건축구
조물은 다르다. 무게가 많이 나가고 게다가 수백 년 수천 년 한 곳에서 움직이
지 않는다. 따라서 땅의 약한 부분이 주저앉게 되는 것이다. 이렇게 약한 부분
의 땅이 부분적으로 주저앉는 현상을 '부등침하'라고 한다.

고분을 만들기 위해 땅을 다지는 이유는 흙입자 사이의 물과 공기를 최대한
빼내서 입자 사이의 간극을 줄이기 위해서이다. 입자 사이의 간극이 줄면 줄
수록 땅이 단단해지는데 이를 토질의 압밀현상Consolidation이라고 한다. 토질의
압밀현상은 흙입자의 간극이 넓어 압력에 의해 쉽게 변형되는 상태를 입자 사
이의 간극을 줄여 단단하게 만드는 것을 말한다. 이는 압력에 의해 물질의 상
태가 변화하는 원리를 이용한 것이다. 압밀현상은 흙을 다짐할 때 흙입자의
위치가 이동하게 되어 밀도가 증가하면서 나타난다. 즉, 흙에 에너지를 가해
흙입자 사이의 공기를 배출함으로써 흙의 밀도•를 높여 지지력을 증가시켜

• 밀도는 어떤 물질의 단위 부피에 대한 질량으로, 물질의 질량을 부피로 나눈 값이다. 단위는 g/㎤ 또는 kg/㎥으로
표시한다.

▲▲바닥을 다지는 데 사용된 돌달고 (충주박물관)
▲◀돌달고와 ▲▶나무달고를 이용해 흙을 다지는 장면 (고령 대가야박물관)

건축물에 의한 지반의 변형을 줄이려고 시행한다. 이러한 토질의 압밀 현상을 이용해 건축물이 수백 년 이상 무너지지 않고 지탱되도록 만드는 것이다. 이러한 토질의 압밀을 위해 사용되는 공법 중 가장 고도의 기술과 많은 노동력이 필요한 공법이 판축이다. 판축은 고분뿐만 아니라 성벽이나 도성의 건축 등 대규모 토목 공사에서 중요하게 사용되는 공법이다. 고분의 경우 나무 목판으로 구획을 나누고 그 사이에 흙을 넣은 후 단단히 다지는 판축은 나타나지 않는다. 대신 바닥을 돌달고와 나무달고를 이용해 단단히 다지는 과정은 늘 있었다.

무덤과 권력의 크기는 비례한다?

고대에는 지배자의 무덤을 크게 만드는 것이 유행했다. 세계적으로 가장 유명한 지배자의 무덤은 이집트의 피라미드일 것이다. 약 4천 년 전 이집트 왕족의 무덤으로 만들어진 피라미드는 현재 80여 기가 남아 있다. 그중 가장 큰 것은 파라오 쿠푸가 기자에 만든 피라미드이다. 이것은 대피라미드 또는 제1피라미드라 일컬어지며, 높이 146.5m현재 137m, 저변 230m, 사면각도는 51°52'이다. 이집트의 피라미드는 평균 2.5톤의 돌을 230만 개나 쌓아올려 축조되었으며, 농한기 3개월간 농민을 동원했다. 기자의 대피라미드는 농민 10만 명이 동원되어 본체의 건조에 20년이 걸렸을 것으로 추정된다.

기자의 피라미드

중국 시안의 진시황릉

중국에는 이집트의 피라미드와 맞먹는 거대한 왕릉이 있다. 중국 산시성 시안 근처에 있는, 중국 최초로 전국을 통일한 진나라 시황제의 무덤인 진시황릉은 무덤 한 변의 길이가 약 350m인 정방형으로 높이가 무려 76m에 이른다. 그러나 연구에 의하면 처음 만들었을 당시에는 동서 485m, 남북 515m, 높이는 115m였다고 한다. 진시황릉을 만들기 위해 40년간 많은 때는 약 75만 명의 사람을 동원했다고 한다.

일본 오사카부 사카이시의 다이센고분

인덕천황릉으로 전해지는 일본 사카이시의 다이센고분은 일본 최대의 고분으로, 길이 486m, 높이가 36m의 초대형 전방후원분이다. 이 고분을 만들기 위해 매일 2천 명의 사람을 16년간 동원했다고 한다.

이들에 비해 삼국의 고분은 규모가 작다. 고구려 장군총은 한 변의 길이 32m인 정방형에 높이 12.5m이고, 신라의 황남대총은 남북 길이 114m, 동서 너비 82m, 높이 23m이다. 우리는 피라미드나 진시황릉의 거대한 규모와 삼국의 고분을 비교하고 열등감에 빠지곤 한다. 하지만 과학적으로 이러한 차이가 생기는 이유를 이치에 맞게 설명할 수 있다. 이를테면 피라미드를 만든 이집트의 인구수와 경제력 또는 진시황릉을 만든 진나라의 규모를 삼국의 규모와 비교해본다면 어떨까?

다른 한편으로는 거대한 무덤을 만드는 데 동원된 사람들의 편에 서서 생각해볼 수도 있다. 20년간 피라미드를 만드는 데 동원된 이집트의 농민과 신라의 농민 중 누가 더 행복할 수 있는 기회가 많았을까? 이런 질문이야말로 세계에서 가장 큰 고분을 만들지 못했다고 조상을 탓하는 어리석은 후손이 되지 않도록 해주는 좋은 질문일 것이다.

	전체 길이	높이	부피
피라미드	230.4m	146m	260만 ㎥
진시황릉	350m	76m	300만 ㎥
다이센고분	486m	35m	140만 ㎥
장군총	32m	12.5m	6,000 ㎥
황남대총	114m	23m	9,821 ㎥

세계 3대 고분과 삼국시대 고분의 비교

봉토 만들기

영남지방에 분포하는 신라와 가야의 고분은 거대한 봉토로 덮여 있다. 자그마한 산봉우리 크기만큼 우뚝 솟은 고분의 모습은 삼국시대 사람들에게 지배자의 권력이 산만큼 거대하다고 느끼게 했을 것이다. 이렇게 거대한 봉토를 만들기 위해서는 엄청난 양의 흙을 쌓아올려야 한다. 물론 이때도 계획적인 봉토 축조방법이 동원되었다. 흙을 그대로 쌓아올린다고 봉분이 되는 것은 아니기 때문이다.

봉분은 기본적으로 흙을 쌓아서 만들기 때문에 흙의 성질을 제대로 이해하지 않고 쌓으면 쉽게 무너져 내린다. 거대한 봉분을 만드는 일은 봉분 재료인 흙의 물성을 잘 파악해야 함은 물론이고 다양한 과학기술 원리를 알고 있어야 가능하다. 고대인은 흙이 무너져 내리는 것을 방지하고 견고하게 쌓기 위해 여러 가지의 토목기술을 적용했다.

삼국시대 고분의 봉토를 쌓는 기술로는 매장주체시설 가까이에 흙둑(토제土堤)을 쌓고 흙둑을 기대어 봉토를 쌓는 기법(제상기법堤狀技法), 모래주머니처럼 주머니에 흙을 넣어 만든 흙주머니(토낭土囊)로 봉토를 쌓은 기법, 두께가 얇은 띠상으로 성질이 다른 흙을 교대로 반복해 쌓는 교호성토, 봉토를 쌓는 인력을 작업단위로 나누어 쌓는 구획성토방식 등이 알려져 있다.

구획성토

봉토를 크고 높게 쌓아올리는 일은 많은 사람이 우르르 몰려들어 흙을 붓는다고 되는 것이 아니다. 봉분을 쌓는 작업에 동원된 사람들이 일을 효율적으로

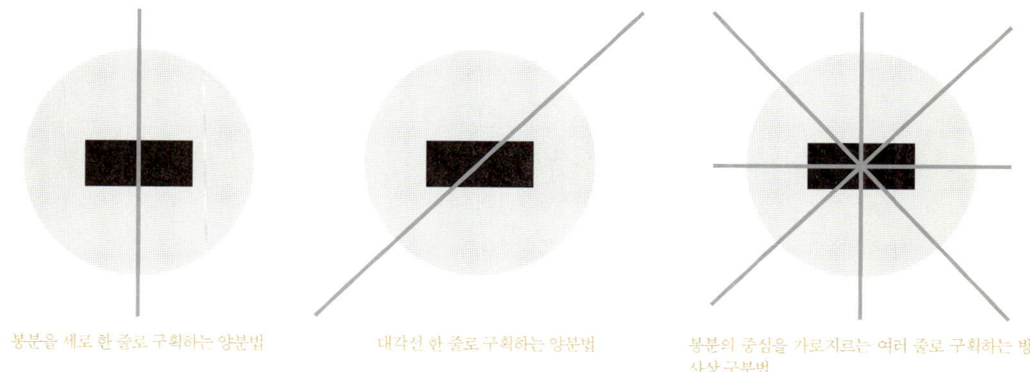

구획성토를 할 때 구획하는 방법

할 수 있도록 효과적인 분담이 있어야 한다. 구획성토는 효율적인 봉분 축조를 위해 전체 봉분을 몇 개의 구획으로 나누어 작업을 하도록 하는 방법을 말한다. 구획을 나누어 작업을 할 때 동시에 작업을 하는 경우도 있고 구역별로 순차를 주어 작업을 하는 경우도 있었다. 이때 사람들이 자신이 작업할 구간을 정확히 알 수 있도록 또한 흙을 쌓는 중간에 뼈대처럼 작용할 수 있도록 특별한 고안을 해야 했다. 구획을 나누는 방법으로 흙주머니, 돌을 줄지어 쌓는 방법, 성분이 다른 흙을 사용하는 방법 등이 사용되었다.

구획을 하는 방법은 봉분을 가르는 1줄로 양분해 작업을 하는 경우, 대각선으로 1줄로 구획한 후 작업을 하는 경우, 봉분을 가로지르는 여러 줄로 방사상 구획을 한 후 작업하는 경우가 있다. 봉분을 수평이나 수직으로 잘라 조사해보면 색조나 성분이 다른 흙이 일정한 경계를 이루고 있는 경우, 또는 봉토 안에 줄지어 배치된 돌이 있는 경우, 봉토의 평면과 단면에 방사상으로 뻗어나가는 점토 띠가 있는 경우 등이라면 구획성토의 증거라고 판단할 수 있다. 이러한 기준으로 확인했을 때 구획성토가 이뤄졌다고 생각할 수 있는 고분은 다음과 같다.

신라 고분은 경주 황남대총, 천마총, 인왕동 C-1호분, 영산고분, 대구 화원 성산리고분군 등이고, 가야고분은 고령 지산동고분군(대가야), 고성 율대리 2호분(소가야), 합천 M3호분(다라국), 창녕 계남 북5호분, 교동고분군, 송현동

방사성으로 줄지어 있는 돌로 구간을 나누고 구간별로 흙을 쌓는 작업이 이루어진 성주 성산동 58호분

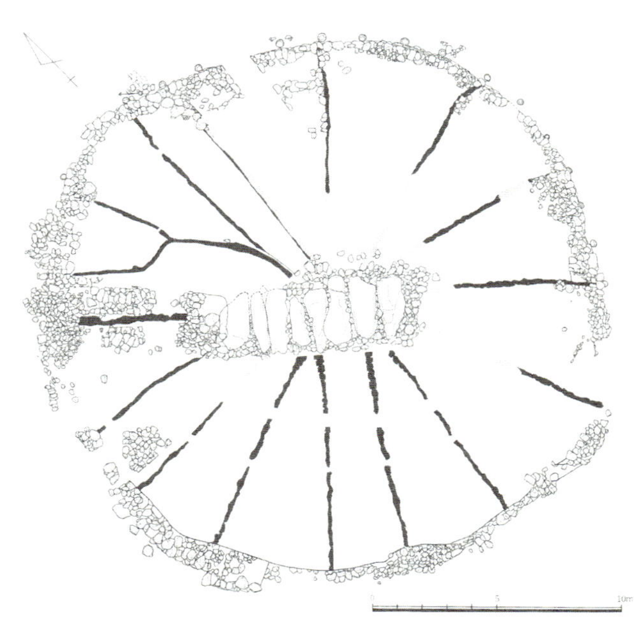

창녕 교동1호분에서 나타난 구획성토 흔적

고분군이다.

　최근에는 전라도 영산강 유역의 흙무지무덤(분구묘)에서도 구획성토의 예라고 생각할 수 있는 증거가 보이고 있다. 최근 발굴조사된 무안 사창리덕암무덤, 나주 장동무덤, 영암 장동무덤 등이다. 이러한 예들은 구획성토가 영남지역의 고분에서만 사용된 것이 아니라 한반도 전역에서 봉토를 축조하는 작업방식으로 널리 쓰였음을 입증하는 증거로도 볼 수 있다.

교호성토

교호성토란 서로 성질이 다른 흙을 교차시켜 쌓음으로써 흙 층 간 밀착도를 높이고 봉분에 스며든 물의 배수를 원활하게 하는 기술이다. 흔히 삼국시대 흙쌓기 공법으로 가장 많이 알려진 것은 '판축'이다. 하지만 판축이란 수평으로 이어지는 얇고 규격화된 토층, 흙을 다지는 작업구간을 나누는 기둥인 영정주와 구획을 나누는 나무판인 횡장판의 존재, 달구질의 흔적 등이 필요조건이다. 그러나 이런 조건을 모두 갖춘 흔적이 삼국시대 고분에서 보이는 경우는 거의 없다. 따라서 삼국시대 고분의 대부분은 엄밀한 의미에서 판축이 아니라 흙을 교차해 쌓고 이를 다진 교호성토로 보아야 한다.

　모든 조건을 갖춘 판축은 삼국시대 후기 성벽의 축조과정에서 사용된 기술인데 물론 그 시점에서는 고분 성토에도 사용되었을 것이다. 고대 한반도계 이주민과 밀접한 관련을 맺고 있는 일본 나라현의 다카마츠츠카高松塚고분의 봉토에서 분명한 판축이 확인되기 때문이다. 교호성토는 무덤의 봉토뿐만이 아니라 성곽과 제방 등의 축조에도 널리 사용된 기법이다.

　왜 성질이 다른 흙을 교대로 쌓았을까? 흙을 쌓아 구조물을 만들 때 성질이 다른 흙을 교대로 쌓아올리는 것이 효과적이기 때문이다. 밀도가 다른 흙을 교차로 쌓아올리면 밀도가 낮은 흙층에서 흙입자 사이의 넓은 공간을 통해 내부에 침투한 물이 흘러서 지반 아래로 배수될 수 있다. 우리나라는 여름철 장마기간에 집중적으로 비가 내린다. 짧은 기간에 집중적으로 쏟아진 비가 봉토를 통해 들어왔을 때 빠져나갈 물길을 만들어두지 않는다면 내부로 침투한 물

풍납토성의 교호성토 (권오영)

에 의해 흙이 점차 깎여나가 마침내 무너지게 될 것이다. 이러한 우리나라의 기후를 잘 알고 있었기에 고대인들은 봉토를 만들 때 점질토와 사질토를 교대로 쌓아올려 봉토 내부로 스며든 물을 흙입자 간의 공극이 큰 사질토층으로 통과시켜 지하로 스며들게 만들었던 것이다.

또한 흙과 흙 사이의 인장력을 강화시킨다. 봉토 축조에서 석실이 지상으로 올라올수록 더욱 고도의 기술이 필요하다. 석실을 안쪽으로 기울여 쌓기 때문에 석실이 무너지지 않도록 바깥으로 당겨주는 힘이 필요하다. 그래서 석실 외벽 부근에 점성이 강한 흙으로 돌에 맞물리게 단단하게 쌓아 석벽을 고정시킨다. 그리고 그 바깥으로 물성이 다른 흙을 교차해 쌓아올려야 한다. 점성이 강한 흙은 수분에 약하기 때문에 수분에 강한 모래를 교차해 쌓아주어야한다. 동일한 성분의 흙으로만 쌓으면 그렇지 않은 경우보다 쉽게 무너진다는것을 고대인들은 알고 있었다. 또한 성분이 다른 흙을 동일한 범위로 아래에서 위로 쌓지 않고 좌우·상하로 겹쳐서 쌓았다. 그래야 지지장력이 생겨 형태가 뒤틀리지 않고 견고하게 유지되기 때문이다.

삼국시대 사람들은 흙을 사용하는 공법을 정립할 때까지 여러 방법을 수차

레 시도했을 것이다. 수많은 시행착오와 실패를 거듭하면서 쌓인 경험에 의해 흙의 일반적인 성질이 정리되었고 그것을 바탕으로 건축의 소재로써 흙을 자유자재로 사용할 수 있게 되었던 것이다.

흙둑 쌓기: 제상기법

작은 입자로 이루어진 흙으로 지상에 거대한 봉분을 쌓으려면 몇 가지의 필요조건이 있어야 한다. 우선 의지할 공간의 존재이다. 평지에 봉분을 쌓으려면 오목하게 파인 부분과 돌출된 흙둑(토제土堤)이 필요하다. 흙둑은 매장주체시설의 주위 또는 고분의 바깥부분에 두른 성토한 둑이다. 매장주체시설을 보호하고 고분의 권위를 높이기 위해서는 엄청난 양의 흙을 쌓아올려야 한다. 그런데 그 흙의 무게가 하중이 되어 고분 자체를 무너뜨리는 결과를 가져올 수 있다. 그래서 흙의 하중을 지탱할 수 있도록 중앙에 집중되는 하중을 밖으로 분산시켜주는 공사가 필요하다. 흙둑은 중앙에 집중되는 하중을 분산시켜 쌓아올린 흙의 무게로 인해 고분이 무너지지 않도록 지켜주는 역할을 한다.

　흙둑은 고분뿐만 아니라 성곽 축조 등 흙을 쌓아서 만드는 여러 가지 토목공사에 이용되었다. 최근 발굴조사가 진행된 화성 길성리토성과 증평 이성산성이 대표적인 예이다. 길성리토성에서는 성벽이 자리 잡을 지점의 안팎 두 군데에 생토 암반을 삼각형 모양으로 남겨두거나 성토해 삼각형 모양의 흙둑을 만들고 그 안에 흙을 채우는 방식을 볼 수 있다. 이성산성에서는 암반층을 평평하게 고른 후 흙을 쌓아 안팎에 흙둑을 만들고 그 내부에 흙을 붓거나 성토해 성벽을 쌓아 올라가는 방법을 볼 수 있다. 흙둑이 고분과 성곽에서 공통적

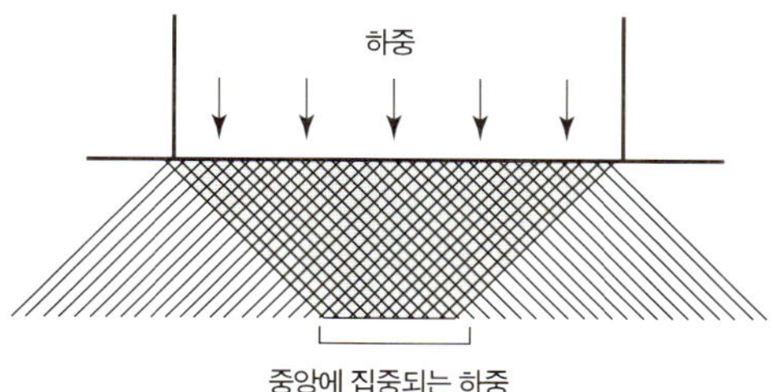

위에서 누르는 하중은 중앙에 집중되어 매장주체시설과 봉토에 영향을 준다.

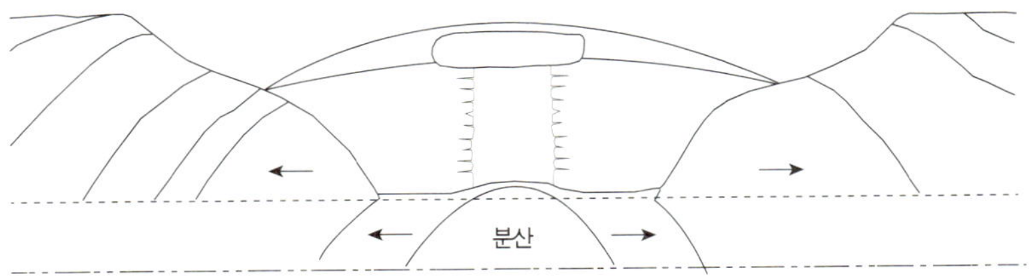

흙둑토제는 하중을 분산시켜 매장주체시설과 봉분의 중앙이 무너지는 것을 막아준다.

으로 사용되는 사실은 고대 토목기술에서 무덤과 성곽이 동일한 원리로 축조되었음을 보여준다.

흙둑의 기능을 정리하면 먼저 봉분을 쌓는 과정에서는 매장주체시설의 주변과 위에 쌓은 흙이 흘러내리는 것을 막는 역할을 한다. 그리고 봉분이 완성된 후에는 매장주체시설의 덮개돌천정석과 봉토의 중심으로 하중이 몰

부산 연산동 6호분의 흙둑토제 (홍보식)
삼각형 모양의 흙둑이 보인다.

리는 것을 분산시켜 매장주체시설과 봉토가 무너지지 않게 하는 역할을 한다. 또한 수백 년 이상 장기간 지속되는 봉토 내부에서 바깥으로 밀려나오는 토압을 효과적으로 막는 역할을 한다.

흙둑 내부에 성토되는 흙은 평평하게 만들기도 하지만 대부분은 경사지게 쌓는다. 한쪽 변이 긴 삼각형의 경사진 모양은 쌓기 쉬운 작업의 효율성을 고려한 측면 이외에 하중을 받는 흙둑의 윗면을 작게 해 수평압에 대한 효과적인 대응을 할 수 있게 하려는 의도도 있다. 이러한 경사진 방향의 성토는 성곽, 특히 평지의 토성에서도 종종 확인된다. 가장 대표적인 예는 서울의 풍납토성이다.

현재 토제가 확인된 무덤은 창녕 교동고분군, 부산의 연산동고분군 등 영남지역 거대 봉토분이 대부분이다. 경주에 분포하는 신라의 돌무지 덧널무덤 역시 매장주체시설의 주위에 돌로 만든 담장과 같은 시설이 존재하는 것으로 볼 때 흙둑의 기능을 가진 것으로 보인다. 하지만 최근 봉토와 분구에 대한 조사

가 상대적으로 소홀했던 백제권역에서 많은 자료가 새로 추가되고 있기 때문
에 흙둑을 이용한 성토가 영남지역만의 특성이라고 볼 수는 없고 삼국시대 고
분과 성곽 축조의 공통기술이었던 것으로 보아야 한다. 한편 백제의 굴식돌방
무덤은 거대한 봉토를 씌운 경우가 드물기 때문에 흙둑의 확인이 곤란하지만
앞으로 좋은 예가 발견될 가능성이 높다.

토목과 건축에서 반드시 고려해야 할 요소, 하중

하중何重이란 무엇일까? 하중은 공학에서 주로 쓰이는 말로 인간이 세운 또는 지상에 서 있는 모든 구조물에 가해지는 외부로부터의 힘을 가리킨다. 건물 등을 세울 때 무너지지 않도록 건물에 작용하는 다양한 하중, 예를 들면 바람, 쌓인 눈, 지진, 온도에 의한 변화, 지반이 꺼지는 경우 등을 고려해야 한다. 고분은 사람이 살지는 않지만 죽은 이의 영원한 쉼터이기에 다양한 하중 때문에 무너지지 않도록 설계하고 이를 바탕으로 다양한 공법을 적용했다.

커다란 봉분을 만들기 위해 쌓는 흙의 질량은 매우 크다. 그 흙은 매장주체시설과 봉분 자체에 커다란 하중으로 작용하는데, 하중의 방향은 지구의 중심을 향한다. 힘의 방향이 지구 중심인 이유는 모든 물체와 지구 사이에는 중력이 작용하기 때문이다. 모든 물체 사이에는 서로를 끌어당기는 인력이 작용한다. 이것이 뉴턴이 말한 '만유인력의 법칙'이다. 이때 만유인력은 질량이 클수록 큰데 지구에서 가장 질량이 큰 물체는 지구 그 자체이다. 따라서 지구 위의 모든 물체는 지구 중심 방향으로 중력을 받는다.

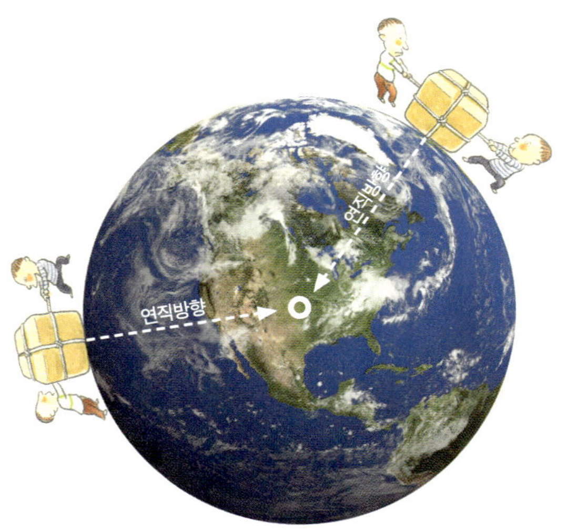

지구상의 모든 물체는 지구 중심 방향(연직 방향)으로 중력을 받는다.

호석

호석은 봉토의 바깥 가장자리에 빙 둘러 설치한 돌을 말한다. 봉토의 흙이 무너지지 않도록 지탱하는 것이 호석을 설치한 목적이다. 호석은 봉토의 가장자리에만 두른 경우도 있지만 봉토의 중간에 2중의 호석이 설치된 경우도 있다. 호석의 축조 순서에 대해서는 흙을 쌓기 전에 먼저 호석을 설치한 것인지 아니면 봉토를 다 쌓은 후 봉토의 겉면만 다시 다듬고 설치한 것인지 아직 명확히 밝혀지지는 않았다.

합천 옥전의 고분처럼 봉분의 흙이 유실되는 것을 방지하기 위해 호석이 사용된 확실한 것도 있지만 실제적인 기능보다는 고분의 장식으로 흐르는 경우도 많다. 특히 삼국통일 이후 통일신라 왕릉에서는 봉토의 바깥 부분에 호석을 두른 후 그것에 십이지상을 조각해 붙이는 등 장식적 기능이 추가되었다.

고분 바깥에 두른 호석이 뚜렷한 합천 옥전M3호분

경주 괘릉의 봉토에 둘러 있는 호석
봉분의 무너짐을 방지하는 기능과 십이지신상을 조각해 붙인 장식적 기능을 확인할 수 있다.

봉분의 각도는 안식각을 유지

봉토가 남아 있는 삼국시대 고분 대부분은 봉분의 각도가 25~30도를 유지하고 있다. 왜 그럴까? 그것은 안식각安息角● 때문이다. 안식각은 흙을 쌓아올릴 때 쌓이는 흙이 흘러내리지 않고 저절로 이루는 기운 각을 말한다. 산에서 흘러내린 흙과 돌로 인해 길이 막힌 경우가 가끔 있다. 보통 산에 쌓인 흙은 일정한 각도가 될 때까지는 흘러내리지 않고 쌓여 있다가 안식각을 넘어가면 흘러내린다. 즉, 안식각은 마찰력의 최대 한계로서 안식각을 넘어가면 중력이 마찰력을 넘어서기 때문에 중력의 힘으로 쌓인 흙이 무너지는 것이다. 고대인은 안식각을 오랜 시간 동안 쌓은 경험으로 알고 있었기에 봉분의 각도가 25~30도를 유지하도록 쌓았던 것이다.

● 휴식각이라고도 부른다.

토질		안식각(도)
모래	건조 습기 포화	20~25 30~45 20~40
보통흙	건조 습기 포화	20~45 25~45 25~30
진흙	건조 습기 포화	40~50 30 20~25
자갈	일반 모래 · 진흙반섞기	30~35 20~35
암반	연암 경암	- -

퇴적물의 종류에 따른 안식각의 크기

마찰력이란 물체가 다른 물체의 표면에 접해 움직이려고 할 때 또는 움직이고 있을 때 그 운동을 방해하려는 힘이다. 마찰력은 물체와 접촉면 사이에서 접촉면을 따라 작용한다. 마찰력의 방향은 운동방향과 반대로 작용하며 접촉면의 성질에 따라 마찰력의 크기가 달라진다. 마찰력의 크기는 접촉면이 거칠수록, 물체의 무게가 클수록 크고, 물체의 접촉면적과는 관계없다.

등산화의 바닥은 마찰력이 커야 편리하다. 만약 마찰력이 작다면 발을 디딜 때마다 미끄러져 산 밑에서 허우적댈 것이 뻔하다. 위험한 도구를 잘 잡고 있

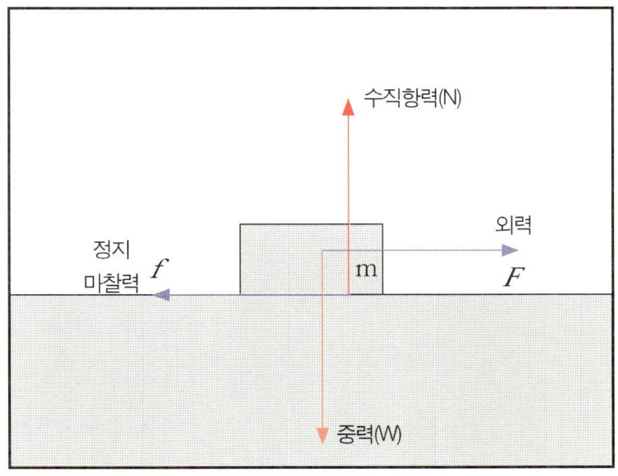

마찰력의 방향은 운동방향과 반대로 작용한다.

어야 하는 공사용 장갑이나 자전거의 브레이크 등도 마찰력을 최대한 크게 할
수록 좋은 도구들이다.

　고대인은 봉토를 웅장하게 보이게 하기 위해서는 안식각을 크게 하는 것이
효과적이라고 생각했다. 따라서 쌓아올린 흙의 마찰력을 크게 해 중력에 의해
봉토가 흘러내리지 않도록 했다. 아래의 그림은 봉토가 무너지지 않게 하기
위해서 사용된 다양한 방법들이다.

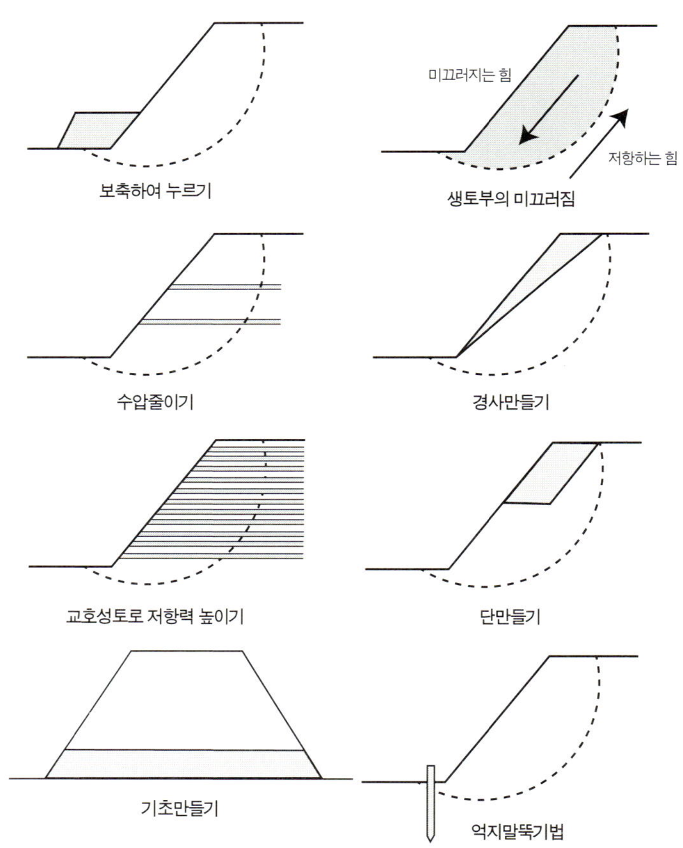

봉분이나 성곽 등 흙으로 만든 구조물의 붕괴를 막는 다양한 방법들

성토재

성토재는 봉토를 쌓을 때 사용하는 다양한 재료를 말한다. 다양하다고 해도 모두 흙과 돌이지만 아무 흙이나 대충 부어서 만든 것은 아니다. 봉분을 쌓을 때 사용한 성토재는 주머니에 흙을 넣어서 쌓는 토낭흙주머니, 표토블럭, 점토블럭 등이다.

토낭흙주머니

고분의 성토에는 토양을 잘게 부수어 얇은 두께로 쌓아올리는 방식만 있는 것이 아니다. 다양한 형태와 크기의 흙덩어리가 사용되기도 한다. 그중에서도 독특한 것은 토낭土囊, 즉 흙주머니이다. 토낭은 식물 섬유로 짠 주머니에 흙을 부어 다지거나 흙덩어리를 풀로 감싸서 운반하기 편하게 만든 덩어리를 말한다. 토낭은 운반하기 편할 뿐만 아

일본 오사카 쿠라즈카 고분의 토낭

니라 쌓기에도 편하기 때문에 흙을 쌓아 만든 구조물에 많이 사용했다. 일본에는 토낭의 모습이 분명히 확인되는 고분이 많다. 그리고 최근에는 우리나라 영남의 신라와 가야 무덤에서도 많은 예가 확인되었다.

표토블록

표토블록이란 풀이 자라 있는 표토를 덩어리로 잘라 봉분을 쌓을 때 사용하는 것을 말한다. 삼국시대 고분에서는 아직 분명한 예는 없지만 일본의 고대 고분에서는 표토블록이 사용된 예가 많이 있다. 우리나라에서는 고분보다 최근 발굴 조사가 진행된 화성 길성리토성과 증평 이성산성에서 표토블록의 좋은 예가 확인되었다. 이 두 유적에서 자연적인 상태의 초원을 불태우고 탄화된 땟장과 흙덩어리를 통째로 삽으로 잘라내어 성을 쌓는 재료로 사용한 것이 발견되었다.

표토를 불에 태우거나 혹은 풀이 자란 그대로 건축 재료로 사용한 예는 세계 곳곳에서 확인되는데 아메리카 인디언의 가옥 상부를 덮은 것도 한 예이다. 이것을 영어로는 'turf'라고 한다. 또한 영국과 남아메리카에서는 일찍부터 표토를 표토에 난 잔디와 함께 네모난 모양으로 잘라 벽체를 쌓는 데 사용했는데 이것을 'sod wall'이라고 한다.

표토블록은 구조물을 쌓을 때 사용된 다양한 성질의 흙이 서로 잘 붙도록 점착성을 높인다. 또한 구조물에 침투한 빗물 등이 불에 태워 탄화된 목탄층을 통해 배수되도록 한다. 따라서 무덤, 성곽, 가옥 등 다양한 분야에 걸쳐 표토블록이 사용되었을 가능성이 대단히 높다.

길성리토성의 단면에 나타난 표토블럭 (권오영)
불에 태워 까맣게 탄 부분을 아래로 해서 쌓은 흔적이 보인다.

점토블록

점토를 덩어리로 잘라서 사용한 점토블럭 또한 많이 사용되었다. 광양 도월리나 무안 사창리 덕암무덤 등 호남지역 무덤 중에는 흙을 올려 쌓는 과정에서 크고 작은 점토 알갱이가 섞여 들어간 경우가 종종 보인다. 흙을 쌓다가 우연히 점토가 섞여 들어간 것도 있겠지만 공사를 진행하면서 기능을 고려하면서 사용한 듯한 명확한 크기와 모양을 갖춘 점토블록이 발견되기도 한다.

점토블록이 발견된 경우 두 가지 가능성을 생각해볼 수 있다. 하나는 성토 과정에서 우연히 혹은 소량의 점토블록이 섞였을 가능성이다.

이 경우는 삼국시대 무덤 봉토나 분구에서 자주 확인된다. 또 다른 경우는 점토를 반죽해 굽지 않고 말린 날벽돌의 형태를 성토재로 사용한 것이다. 후자는 서아시아와 중앙아시아의 토목건축물에서 널리 사용되며 중국에서는 토배土坯라는 명칭으로 토성을 쌓을 때나 탑의 몸체부분에 많이 사용된다. 광양 도월리무덤의 분구는 인접한 지점의 뻘흙과 점토를 잘라서 차곡차곡 쌓는 형태로 완성되었는데 이것은 점토블록의 한 예로 볼 수 있다.

남원 월산리고분의 점토블록 (권오영)

토성 축조에 사용된 점토블록 (권오영)
점토를 잘라 차곡차곡 쌓은 모습이 보인다.

흙의 성질

여기서 잠깐, 흙에 대해 알아보고 넘어가자. 토양은 암석이 오랜 세월에 걸쳐 풍화작용을 받아 잘게 부서지면서 식물이 자랄 수 있는 흙으로 변한 것이다. 이러한 토양은 식물이 살아갈 수 있도록 양분과 수분을 제공하는 역할을 하고 지렁이나 개미부터 몸집이 큰 동물까지 많은 동물의 보금자리로 사용된다. 우리는 공원이나 운동장에서 축구를 하거나 달리기를 할 때 넘어져도 토양에 의해 충격을 덜 받는다. 만약 토양이 없다면 넘어질 때마다 암석 바닥과 부딪혀 팔다리가 부러지는 험한 꼴을 피할 수 없을 것이다. 또한 비가 많이 내릴 때 빗물을 머금었다가 가뭄에 나무와 풀에 물을 공급하는 등 홍수와 가뭄을 조절하는 역할을 한다. 이외에도 오염된 물을 깨끗하게 걸러주는 역할을 한다. 토목공학의 측면에서 본다면 축조물을 만들 때 가장 중요한 재료가 되는 것이 토양이다. 이렇게 토양은 생명현상의 근원이 되기 때문에 인간의 생존에 반드시 필요한 것이다.

그렇다면 토양은 어떤 과정을 거쳐 만들어졌을까? 초기의 토양은 기반암이 풍화하면서 푸석푸석한 모질물이 된다. 모질물에는 유기물이나 양분이 거의 없기 때문에 식물이 자라지 못한다. 모질물이 생긴 후 수십 년이 지나면 그 속에 미생물이 살게 되고 그것이 공기 중의 질소와 결합해 질소화합물을 만든다. 그 결과 식물이 자랄 수 있는 표토가 생성

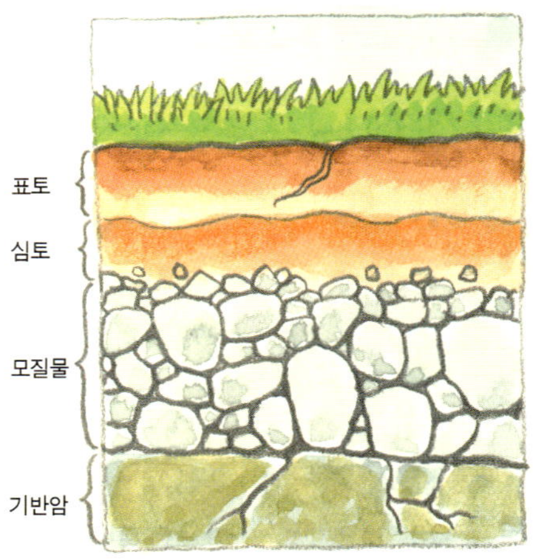

토양의 단면

된다. 표토에 부식물이 많아져 두꺼워지면 토양 속에 스며든 물에 용해된 물질이나 성분 등이 아랫부분으로 내려와 표토와 모질물 사이에 심토가 생긴다.

이러한 과정을 거쳐 성숙된 토양은 몇 개의 층으로 구분된다. 표토는 식물이 자라는 맨 위층으로, 생물의 유해나 부식물로 된 부식토가 포함되어 있어 식물이 잘 자란다. 표토에서 분해된 물질이 지하수에 섞여 흐르다가 표토 아래에 쌓인 층을 심토라고 한다. 그 아래에는 기반암이 풍화되어 만들어진 자갈과 모래로 된 모질물이 있고, 맨 아래에 풍화되지 않은 암석으로 이루어진 기반암이 자리한다.

토양은 만들어질 때의 기후나 장소 및 원래의 암석이 어떤 것이냐에 따라 성질이 다르다. 그중 토양의 성질에 가장 큰 영향을 미치는 요인은 기후이다. 흙의 성질을 표로 간단히 정리해보면 다음과 같다. 입자의 크기에 따라 모래, 일반 흙, 점토로 구분할 수 있다. 고대인은 흙의 성질을 이용해 토목공사에 적절히 사용했다.

	입자 크기	성질
모래	큰 편이다.	하중에 잘 견디는 대신 분산이 잘된다.
일반 흙	입자 크기가 일정하지 않다.	모래와 점토를 이어주는 역할을 한다.
점토	0.004㎜ 이하로 매우 작다.	응집력이 강한 대신 변형이 심하고 물에 약하다.

흙의 성질. 입자가 클수록 흙 입자 사이의 간극이 크다

토목에 사용하는 흙은 각각 성질이 다르다. 모래는 하중을 견디는 힘이 강한 대신 분산이 잘 된다. 일반 흙은 모래와 점토를 이어주는 역할을 한다. 점토는 응집력이 강한 대신 변형이 심하고 습기에 약하다. 이렇게 서로 다른 흙을 교차해 쌓으면 석실이 하중에도 견디고 지하로 흐르는 물에도 견딜 수 있게 된다. 이런 성토방식은 삼국시대 기술자들이 흙의 성질을 잘 알고 이를 기술로 활용할 수 있었다는 것을 보여준다.

매장주체시설의 축조

공주와 부여지역에 집중해 있는 웅진기·사비기의 백제 무덤은 매장 주체부가 깬돌, 벽돌, 다듬은 돌 등을 이용해 만든 다양한 입체구조의 돌방으로 이루어져 있다. 이러한 돌방은 천장석과 봉토의 무거운 중력을 효과적으로 분산시킴으로써 돌방의 내구성을 높이도록 설계되었는데 중력의 원리, 힘의 원리에 대한 깊은 이해 없이는 만들 수 없는 구조물이다. 특히 1만 장이 넘는 벽돌을 차곡차곡 쌓아올려 만든 무령왕릉은 아치가 연속되는 볼트식 구조로 만들어진 벽돌무덤으로서 백제 장인들이 힘의 원리를 매우 잘 이해하고 있었음을 보여준다. 백제의 무덤을 중심으로 다양한 돌방의 축조에 나타난 과학기술 원리를 살펴보도록 하자.

일반적으로 네모꼴 평면의 구덩식돌덧널무덤은 적당한 뚜껑돌을 올리더라도 벽석이 그 하중을 지하로 분산시키기 때문에 기술적인 어려움이 크지 않다. 반면 굴식돌방무덤은 대부분 방형 평면이면서 입체적인 구조로 일정한 높이를 갖추며 천장부분을 마무리해야 하기 때문에 고도의 기술이 필요하다. 흔히 돔형이라고 말하는 백제 고분의 반구모양 천장은 삼국시대 이전의 건축기술에서는 사용된 적이 없던 것으로서 일정한 높이로 천장을 마무리하기 위한 구조적 필요성 때문에 도입된 기술이라 할 수 있다. 이처럼 돌방을 만들기 위해 적용된 과학기술에는 어떠한 것이 있을까?

벽석 축조

::배부름기법

배부름(동장胴張)기법은 굴식돌방 무덤이나 벽돌무덤 중 일부에서 사용된 기술이다. '배부름'이란 방형 또는 장방형 평면의 돌방무덤이나 벽돌무덤을 위에서 바라보았을 때 벽의 가운데 부분이 활처럼 밖으로 휜 형태를 말한다. 가옥의 방이나 무덤의 사방 벽을 직선적으로 축조하는 것이 훨씬 쉬울 텐데 이처럼 벽이 활처럼 휘어 있는 이유는 무엇일까? 이는 활처럼 휜 벽이 직선으로 되어 있는 벽보다 위에서 가해지는 커다란 하중의 압력을 분산시켜줄 뿐만 아니라 옆에서 밀려오는 토압에 효과적으로 대처할 수 있는 구조이기 때문이다.

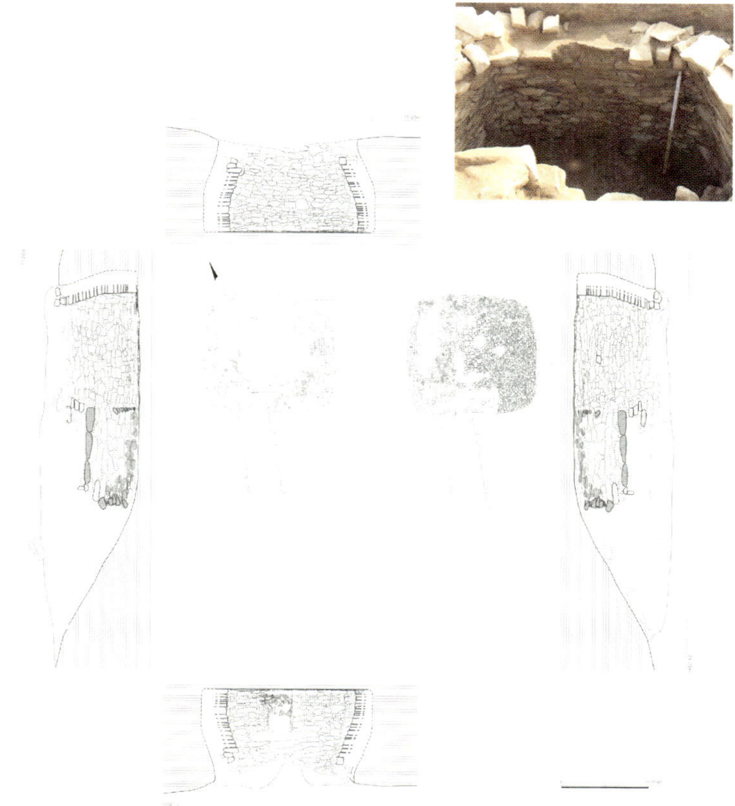

활처럼 휜 배부름 기법은 중국의 후한~위진 남북조시대를 거쳐 당대까지 나타나고, 일본에서는 고분시대 규슈지역의 굴식돌방무덤에서 나타난다. 백제에서는 초기에 도입된 한성기 돌방에 이미 이러한 배부름기법이 나타나고 있어 고대 초기부터 무덤을 축조하는 데 뛰어난 건축기술이 적용되었음을 알 수 있다.

삼국시대 돌방무덤은 대개 납작한 벽돌모양이나 사람 머리만한 크기의 깬 돌로 축조하는 것이 일반적이다. 그런데 돌방의 가장 안쪽 벽(후벽後壁)을 쌓을 때에는 이처럼 작게 깬 돌을 사용하지 않고 상당히 커다란 대형 석재를 1매 놓고 그 위에 작은 돌로 쌓아올리는 경우가 있다. 이처럼 안쪽 벽의 하단부에 있는 커다란 석재를 가리켜 요석腰石이라 한다.

요석을 사용한 돌방무덤은 남부지방에 비교적 많이 분포하고 있으며 일본 키나이 지역의 고분은 대부분 이러한 구조이다. 요석을 놓는 이유는 하중을 많이 받는 부분을 지탱하기 위해서이다. 안벽이 올라가면서 곡선을 그려야지만 돔 모양의 천정이 완성되는데 그러기 위해서는 커다란 돔의 무게가 좌우의

석실 뒷벽의 요석은 안벽의 하중을 지탱하는 역할을 한다. (한성백제박물관)

장벽을 타고 하중으로 전달된다. 이때 안쪽 벽의 밑 부분이 작게 깬 돌로 이루어져 있다면 하중을 이기지 못하고 붕괴될 수 있다. 즉, 요석은 안벽의 하중을 지탱하기 위한 고안이라고 할 수 있다.

::눕혀쌓기오· 세워쌓기의 혼용

우리나라의 돌방무덤은 중국에서 고구려, 백제, 신라, 가야 순으로 도입되었다. 비교적 이른 시기에 돌방을 도입해 사용한 백제지역의 경우 초기에는 중국에서 사용한 전돌과 유사하게 얇게 깬 돌을 눕혀쌓기(평적平積)로 쌓고 있다. 그런데 일부 돌방 가운데는 눕혀쌓기와 세워쌓기(수적竪積)를 번갈아가며 쌓는 예가 발견된다. 이는 눕혀쌓기로만 쌓을 경우 수평압에 취약해져 석벽이 옆으로 미끄러질 수 있기 때문이다. 반대로 세워쌓기만 할 경우는 수직으로 내려오는 하중을 지탱하기 어려워 벽을 이루는 돌이 깨질 위험이 커진다. 따라서 눕혀쌓기와 세워쌓기를 혼용한 것은 수평압과 수직압을 적절히 분산시키려는 의도인 듯하다.

　납작한 벽돌을 가지고 거대한 무덤을 만든 송산리6호분과 무령왕릉은 눕혀쌓기와 세워쌓기를 혼용하고 있다. 다만 송산리6호분은 아래는 10평1수, 그

4평1수로 눕혀쌓기·세워쌓기를 혼용한 무령왕릉 내부

위는 8평1수, 다시 6평1수, 4평1수, 이런 식으로 변화를 주고 있는데 비해 무령왕릉은 처음부터 4평1수가 이어지고 있다. 이런 형태로 미루어보면 축조기술면에서 무령왕릉이 좀 더 완성도가 높았던 것으로 볼 수 있다.

무덤방의 천장 만들기

::편평한 천장(납작천장)

납작천장은 돌방의 천장 형태 중 가장 단순한 것으로 사방에 벽석을 수직으로 세운 다음 그 위에 적당한 크기의 돌을 덮어 천장을 만든 것이다. 이 경우 단면은 사각형 또는 위가 좁은 사다리꼴이 된다. 이때 돌방을 덮는 데 사용할 수 있는 뚜껑돌의 크기가 제한될 수밖에 없기 때문에 무덤의 너비가 뚜껑돌의 크기보다 커질 수 없다. 뚜껑돌의 크기가 제한될 수밖에 없는 이유는 돌이 가진 특성상 돌이 넓어질수록 인장력에 약해져서 밑 부분이 쉽게 깨지기 때문이다. 돌은 압축력에는 강하지만 인장력은 압축력의 1/10~1/20에 불과하다.

나주 복암리 고분군

　　돌방으 천장은 커다란 뚜껑돌을 크기에 따라 몇 장씩 깔아서 만드는 것이 보통이다. 이때 뚜껑돌의 크기는 석실 구멍의 크기보다 더욱 크게 만든다. 그 이유는 돌방을 덮은 거대한 봉분의 무게로 인해 생기는 하중을 석실 바깥으로 분산시켜 석실벽이 무너지지 않게 하기 위해서이다. 뚜껑돌 위에는 잔돌을 채우고밀봉석, 다시 점성이 높은 흙밀봉토으로 단단하게 막아서 석실로 물이 들어가지 않도록 했다.

::삼각형 또는 육각형 천장꺾임천장

백제 고분에는 돌방의 천장을 삼각형 또는 육각형으로 마감하는 경우가 많다. 삼각형 또는 육각형으로 천장을 마감하는 이유도 돌방의 천장에 사용되는 뚜껑돌의 크기를 줄이기 위해서이다. 뚜껑돌이 크면 클수록 깨지기 쉽기 때문에 천장의 면적을 줄이는 방법이 사용된 것이다. 백제 고분에서 삼각형 천장은 드물고 육각형 천장이 많다. 육각형 천장의 경우에는 힘의 균형점을 맞추는 것이 중요하다. 어릴 때 나무 블록으로 집을 지어본 사람은 알겠지만 돌로 된 판석의 무게를 고려해서 서로 지탱하는 힘이 같도록 만들어야 무너지지 않는다. 우리 조상들은 경험을 통해 힘이 균형을 이루는 점을 찾아서 이를 천장의 마감에 이용했다.

　　힘의 합성과 반대로 물체에 작용하는 힘을 같은 효과를 갖는 임의 방향으 2개 이상의 힘으로 나눌 수 있다. 이것을 힘의 분해라고 한다. 즉, 하나의 힘을 둘 이상으로 나누는 것을 힘의 분해라고 하며, 나누어진 각각의 힘을 원래 힘의 분력分力이라고 한다.

　　세상의 모든 물체는 힘을 지닌다. 그리고 그 힘은 일정한 규칙을 따라 작용한다. 삼국시대 사람들

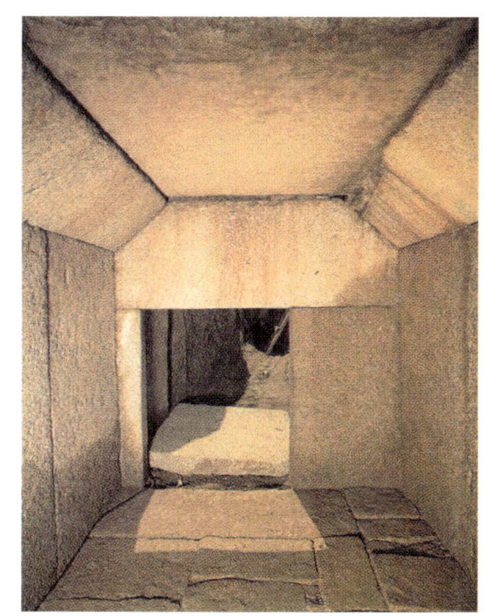
능산리 58호분

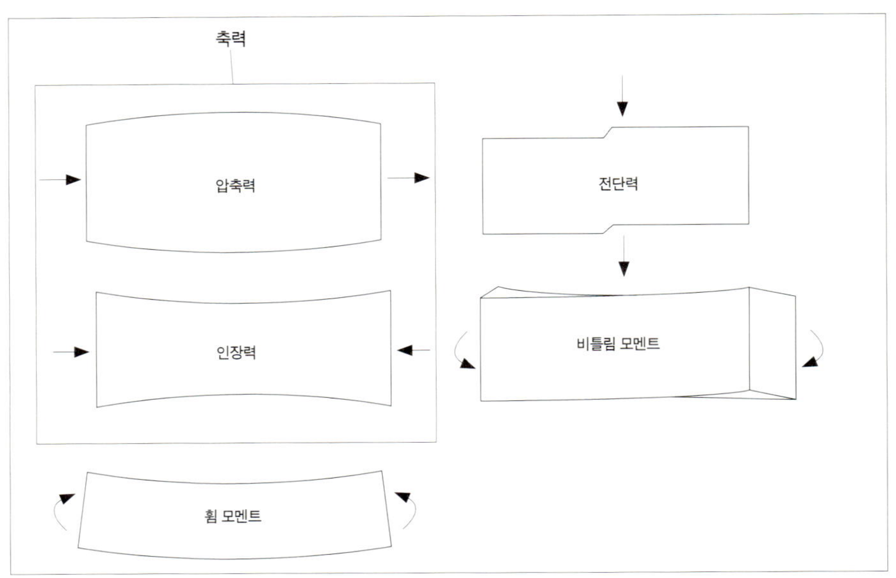

물체에 작용하는 힘과 변형의 종류

은 힘이 갖는 일정한 규칙을 이해하고 있었으며 이 규칙을 이용해 매장주체시설을 쌓고 천장을 마감했다. 그렇다면 힘은 물체에 어떤 작용을 하는 지 알아보자. 먼저 물체에 힘이 작용하면 모양이 변한다. 예를 들어 벽돌을 쇠망치로 내리쳐 충격을 가하면 벽돌은 깨진다. 건축공학에서도 쌓은 구조물에 가해지는 일정한 힘에 의한 변형을 몇 가지 종류로 정리하고 있다.

힘은 물체의 모양만 변화시키는 것이 아니다. 물체의 운동상태에도 변화를 만든다. 운동상태의 변화는 빠르기와 방향의 변화로 나누어진다. 또 힘은 모양과 운동상태를 동시에 변화시키기도 한다.

돌방 천장의 덮개돌을 두 개를 맞대어 만든 석실이 있다. 이 경우 돌방 천장의 단면은 삼각형을 하게 된다. 두 덮개돌을 맞댄 경우 어느 한 쪽의 힘이 크다면 큰 힘의 방향으로 기울어지게 되어 천장이 무너질 것이다. 그러나 고대인은 힘의 평형을 알고 있었다. 즉, 작용점이 같고 방향이 반대이며 작용하는 힘의 크기가 같다면 물체가 움직이지 않는다는 것을 알고 있었기 때문에 이를 이용해 석실의 천장을 안정되도록 만들었다.

힘의 합성은 한 물체에 여러 가지 힘이 작용할 때 합력을 구하는 것을 말한

다. 합력이란 힘의 합성으로 얻어진 하나의 힘을 말한다. 방향이 같은 두 힘의 합성의 경우 합력의 크기는 두 힘을 더한 크기이고 합력의 방향은 두 힘의 방향과 같다. 그러나 방향이 반대인 두 힘의 합성의 경우 합력의 크기는 두 힘의 차가 되고 합력의 방향은 둘 중 큰 힘의 방향과 같다. 이 원리를 삼각형 천장의 마주 보는 두 돌판에 적용하면 두 돌판 중 어느 한쪽의 힘에 크다면 큰 석판의 힘이 작용하는 방향으로 천장이 무너질 수 있다는 것이다.

이를 막기 위해서는 마주보는 두 석판에 작용하는 힘이 서로 평형을 이루도록 해야 한다. 두 힘이 평형을 이루기 위한 조건은 다음과 같다. 작용점이 같아야 하고 힘이 작용하는 방향은 반대이고, 마지막으로 힘의 크기가 같아야 한다.

::돔형 천장

초기의 돌방무덤은 네모꼴 평면이면서 한 변의 길이가 3m 이상에 달할 정도로 커다란 것이 많았다. 이러한 돌방은 아무리 큰 돌을 사용하더라도 1~2매의 석재로 천장을 만들 수는 없다. 또한 널따란 뚜껑돌은 인장력에 약한 돌의 특성상 깨지기 쉽다. 그래서 고안해낸 방법이 일정한 높이에서부터 사방의 벽이 조금씩 안쪽으로 들어오도록 모를 죽여가며 둥글게 쌓는 방식이다.

이 경우 천장의 맨 꼭대기 정점부를 조그만 돌로 마감해도 되기 때문에 넓은 돌을 사용해서 깨질 위험을 피할 수 있다. 통일신라시대 석굴암의 천정부도 이런 방법을 이용해 만든 것이다. 이러한 천정 축조기술은 삼국시대 이전에는 없던 것으로서 새로운 건축술이 개량·발전된 것으로 보인다. 반구형돔형 천장은 모서리부분도 둥글게 처리되어 있는 반구상의 돔식 천장과 함께 천장 네모서리가 각이 진 형태의 것도 있다.

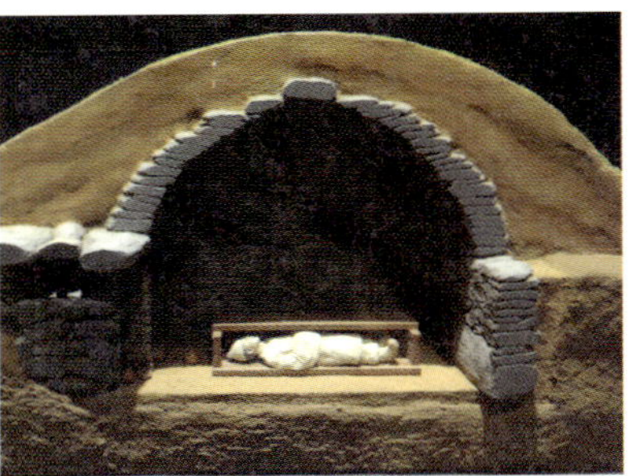

천정이 무너진 돔형 고분 (공주 수촌리)

자연석을 안으로 조금씩 들여쌓아 만든 돔형 천장 (한성 백제 박물관)

아치와 볼트 천장

천장의 마감으로 가장 아름답고 과학적인 것 중 하나는 볼트vault형이다. 볼트는 아치arch를 연속해서 이은 구조물을 말한다. 아치는 다리나 문 등을 만들 때 위에서 누르는 힘을 버티기 위해 돌이나 벽돌 등을 곡선 모양으로 쌓아올린 구조를 말한다.

::아치의 과학기술 원리

아치는 일정한 높이까지 벽을 쌓은 다음 쐐기형태의 돌이나 벽돌을 이용해 천장부분의 단면이 반원형이 되도록 만든 것이다. 아치형은 상부에서 가해지는 막대한 하중을 견디는 데 가장 효과적인 천장 형태 중 하나라 할 수 있다. 이이 기법이 얼마만큼 유용한 것인지는 현대에서도 터널을 만들 때 사용하는 것을 보면 알 수 있다. 아치형 천장은 속이 비어 있는 채로 쌓을 수 없기 때문에 나무로 된 틀과 같은 것을 만들어놓고 쌓았던 것으로 보인다.

아치는 고대 메소포타미아와 이집트에서 발명되어 지중해 세계로 퍼져 페르시아 건축을 통해 유럽 건축에까지 활용되었다. 중국에는 기원전 2,900년 이전에 전해졌는데 우리나라에도 고대부터 아치를 이용한 건축법으로 다리 등을 만들었다.

아치는 홍예돌●이라고 부르는 쐐기 형태의 돌이나 벽돌을 반원형으로 이어

●홍예는 우리말로 '무지개'를 뜻한다. 아치의 모습이 무지개와 비슷해서 지은 말이다.

아우구스투스 다리

조선시대에 만든 흥국사 홍교(보물 563호) (연합뉴스)

붙여서 만든다. 홍예돌은 사선 방향으로 공중에 떠 있기 때문에 인장력이 발생하지 않는다. 아치에서 발생하는 힘은 홍예돌 각각에 작용하는 사선방향의 힘이며 이것이 비틀리지 않는 한 무너지지 않는다. 게다가 홍예돌 사이의 마찰력이 추가로 발생하기 때문에 더욱 튼튼하고 시멘트 같은 접착제를 사용할 경우 마찰력은 더욱 증가한다. 인장력이 발생하지 않기 때문에 반원형만 완벽하게 축조할 수 있으면 지름은 어렵지 않게 늘릴 수 있다. 따라서 배가 밑으로 지나 갈 정도의 커다란 아치형 다리도 만들 수 있다. 그래서 동서양을 막론하고 다리와 수로를 아치 형태로 많이 만들었다.

::아치의 연속체로서의 볼트

아치는 공간의 관점에서 보면 2차원적인 면 요소이다. 이 아치를 연속적으로 길게 늘어뜨려 3차원 공간으로 만든 것이 볼트이다. 볼트의 구조적 강점은 둥근 천장에서 나오는데 이것은 아치의 장점을 3차원으로 확장한 것이다. 볼트는 위에서 아래로 작용하는 하중을 옆으로 흘려보내기 때문에 압축력과 인장력을 최소화한다. 여기에 천장 두께를 두껍게 하면 하중을 버티는 힘은 더욱 커진다. 이 때문에 토압 등을 견뎌야 하는 터널이나 지하구조에 많이 사용한다.

볼트로 이루어진 콜로세움의 입구

볼트구조의 대표적인 건축물이 로마의 원형극장이다. 로마시민 만 명 이상을 수용할 수 있는 거대한 극장을 짓다보니 극장의 기초부분을 튼튼하게 만들어야하는 문제가 생겼다. 튼튼하게 만든다고 흙과 돌로 채우면 입구와 복도, 사무실 등의 시설을 만들 수 없게 된다. 이런 문제를 해결해준 것이 위로부터의 하중에 강한 볼트구조의 사용이었다.

::아름다운 무령왕릉의 복도와 천장의 볼트

무령왕릉의 복도와 방의 천장은 아치를 연속해서 만든 둥근 볼트로 이루어져 있다. 바닥에서 벽을 쌓아올리는 것은 수직으로 벽돌을 쌓는 것이기에 공사하

무령왕릉의 천장^{볼트}

는 데는 커다란 어려움은 없다. 그러나 천장을 만들기 위해 둥그런 곡선을 이루는 부분에서는 벽돌의 무게를 지탱할 만한 것이 없기에 무너질 위험이 있다. 따라서 볼트를 만들기 위해서는 나무틀을 이용해 임시로 벽돌의 무게를 지탱할 수 있는 구조를 만드는 것이 필요하다. 이렇게 나무틀을 만든 후 그 위에 벽돌을 쌓아서 볼트형 천장을 만들고 나무틀을 해체하는 공정으로 천장을 만들었을 것으로 추정하고 있다. 이러한 추정이 가능한 이유는 벽면과 천장에 박힌 채 발견된 길이 15cm 정도의 쇠못 때문이다. 이 쇠못이 나무틀의 제작에 사용되었을 것으로 생각되고 있다.

제3장

삼국의
고분 탐구 여행

고구려 고분에 담긴 과학 원리

고구려 고분 속으로

고구려 고분은 고구려의 영역이었던 지역 대부분에 걸쳐 다양하게 분포하지만 그중에서도 중국 지린성 지안현고구려의 수도였던 국내성을 중심으로 한 지방을 중심으로 한 압록강 유역과 평양을 중심으로 한 대동강 유역에 집중적으로 분포되어 있다. 특히 지안에 밀집되어 있는 고분의 수는 1만 3천여 기가 넘는다. 고구려의 마지막 수도였던 평양 지역에도 수천 기에 달하는 고분이 모여 있다. 고분의 크기도 조그만 집채 정도에서 작은 산만한 것까지 다양하다. 고구려 고분이 지안과 평양 지역에 집중 분포하는 까닭은 고구려의 지배층이 자신들의 무덤을 조성할 때 나라의 도읍을 중심으로 장소를 골랐기 때문이다.

만약 현재 대한민국의 서울에 수천 기의 무덤을 한곳에 모아 만든다고 하면 반대하는 사람들로 나라가 온통 시끌시끌할 것이다. 그러나 삼국시대 왕과 지배층의 무덤은 그들의 권위를 보여주어 온 백성을 하나로 모으는 기능을 했기 때문에 지배층이 거주하는 도읍 부근에 고분을 조성했던 것이다.

::세계문화유산에 등재된 고구려 고분

2004년 7월 유네스코 세계유산위원회는 중국과 북한이 따로 신청한 고구려의 문화유산을 세계문화유산으로 등재했다. 중국에서는 고구려의 첫 도읍인 오녀산성졸본성, 두 번째 도성인 지안의 국내성, 환도산성, 그리고 왕릉이나 귀족의 무덤으로 여겨지는 지안 일대의 돌무지무덤과 굴식돌방벽화무덤 39기와 더불어 광개토대왕릉비를 세계문화유산으로 등재했다. '동방의 피라미드'라

부르는 장군총과 태왕릉을 비롯해 각저총, 무용총, 모두루총, 오회분, 장천1호분 등이 이 지역을 대표하는 무덤이다.

고구려의 마지막 수도였던 평양 일대에는 고구려의 궁성부터 고분까지 다양한 유적이 분포하고 있다. 그중 평양과 남포 그리고 황해남도 안악 일대에 분포하는 고구려 무덤 63기가 세계

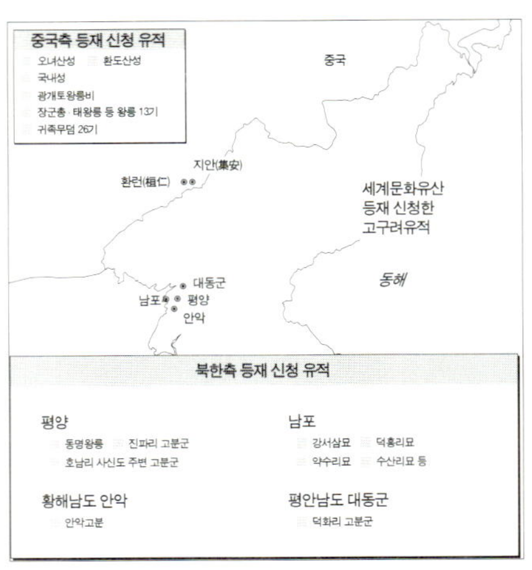

고구려 고분 분포도

문화유산으로 등재되었다. 이는 북한이 보유한 첫 세계문화유산이다. 동명왕릉이라 부르는 고분부터 사신도 벽화로 유명한 강서대묘까지 다양한 고분이다. 그중 16기의 벽화무덤은 정교하게 축조된 돌방 내부의 사방 벽과 천장에 고구려인의 생활 모습과 세계관, 내세관 등을 독특하고 세련된 기법으로 표현해 고구려 문화의 정수를 보여주고 있다.

우리가 고구려의 도읍이었던 곳을 찾아가는 일은 백제와 신라의 도읍을 찾아가는 것보다 어렵다. 특히 고구려의 마지막 수도였던 평양을 자유롭게 오가는 것은 우리 민족이 남과 북으로 분단되어 서로 치열하게 대립하고 있는 상황에서는 거의 불가능하다. 그나마 고구려의 첫 도읍지인 졸본중국 랴오닝성 환런현과 두 번째 도읍지인 국내성중국 지린성 지안현은 중국 여행이 활발하게 이루어지는 요즘 어렵지 않게 도전해볼 만하다.

고구려 고분의 구분과 변화

고구려의 고분은 형태에 따라 크게 두 가지로 나눌 수 있다. 먼저 겉모습으로 볼 때 돌로 쌓아올려 만든 돌무지무덤적석총과 무덤 안쪽의 시신을 넣어두는 시설매장주체시설은 돌로 쌓지만 바깥의 무덤은 흙으로 쌓아올린 토총봉토분으로 나눈다.

　돌무지무덤은 말 그대로 돌을 쌓아올려 만든 무덤이다. 고구려의 돌무지무덤은 중국이나 북방민족의 것과는 확연하게 구분되는 독자적인 무덤양식이다. 고구려 초기의 돌무지무덤은 냇돌을 네모지게 깔고 그 위에 널을 놓은 뒤다시 냇돌을 올려 쌓아 둥근 형태로 만들었다. 다음 시기의 무덤은 땅 위에 네모지게 깔아놓은 돌무지가 흩어지지 않도록 무덤 아랫부분에 네모난 판석을둘러 기단을 마련했다. 이후에는 1층의 기단 위에 덧널의 구획을 잡아서 돌로

무기단식돌무지무덤

계단식돌무지무덤

기단식돌무지무덤

덧널벽을 쌓아올린 뒤 매장시설을 설치하고 덧널의 둘레에 새로운 단을 만든 것처럼 윗부분에 몇 겹의 돌을 놓는 기단식돌무지무덤으로 발전했다. 고구려 돌무지무덤이 삼국시대 다른 나라들의 무덤과 다른 커다란 특징은 시신을 매장한 매장시설이 땅속이 아니라 지상에 위치한다는 점이다.

평양 천도 이후에는 굴식돌방무덤이 유행했는데 다듬은 돌로 장방형 또는 방형의 널방을 만들고 한쪽 벽에는 널방과 통하는 널길을 두어 흙을 덮어 매장을 마감하는 무덤형식이다. 태왕릉과 장군총은 고구려의 전통적 돌무지무덤에 굴식돌방무덤이 결합된 돌무지돌방무덤이다. 이 형태의 무덤에는 널방으로 드나들 수 있는 널길이 있기 때문에 추가장이 가능하다.

장군총과 태왕릉에 숨어 있는 돌쌓기의 과학

::장군총 돌쌓기의 과학

중국 지린성 지안현은 고구려의 수도인 국내성이 있던 곳이다. 지안현에 있는 고구려의 무덤 중에서 장군총은 크기나 생김새로 가장 눈에 띄는 고분이다. 장군총은 지안에 있는 고구려의 고분 중에서 외형을 가장 잘 보존하고 있는 돌무지무덤이다.

'동방의 피라미드'라고 불리는 장군총 (기경량)

　　정교하게 다듬은 천백여 개의 화강암을 쌓아 만든 장군총은 광개토대왕비에서 동북쪽으로 약 1.5km 떨어져 있다. 겉모습은 큰 돌을 7층으로 네모난 단을 쌓은 단형 피라미드의 모습을 하고 있어 중국인은 '동방의 피라미드'라고 부르기도 한다.

　　장군총은 한 변의 길이가 33m, 높이는 최상층 단까지 11.5m이고, 잔돌과 흙으로 쌓은 둥그런 정상까지 12.7m이다. 제1층은 큰 돌을 4단으로 쌓아서 만들었고, 제2층 이상은 큰 돌을 3단씩 쌓아서 만들었다. 각 층은 약 1.1m 정도 안으로 들여쌓아서 전체적으로 안정감을 주었다.

　　장군총은 땅바닥을 파고 작은 냇돌을 채워 기초를 다진 후 다듬은 큰 돌로 지대석을 4단으로 쌓은 후 계단식으로 큰 돌을 쌓아올렸다. 계단을 이루는 큰 돌은 길이 2.4~3.5m, 폭 0.9m 내외의 비교적 비슷한 크기로 이루어졌다. 계단돌을 쌓을 때에는 밖으로 드러난 면을 약간 경사지게 다듬었고, 윗면의 가장자리에는 홈을 주어서 그 위에 놓인 돌이 밀려 나가는 것을 방지했다. 계단 내부는 냇돌과 산돌로 채워 넣었다. 각 층의 계단돌은 단을 올릴 때마다 조금씩 들여쌓았다. 이를 '들여쌓기'라고 한다. 계단의 둘레에는 다듬지 않은 커다란 돌을 각 면에 3매씩 버텨놓았다. 이 돌은 무덤을 받쳐주는 역할을 하고 있다.

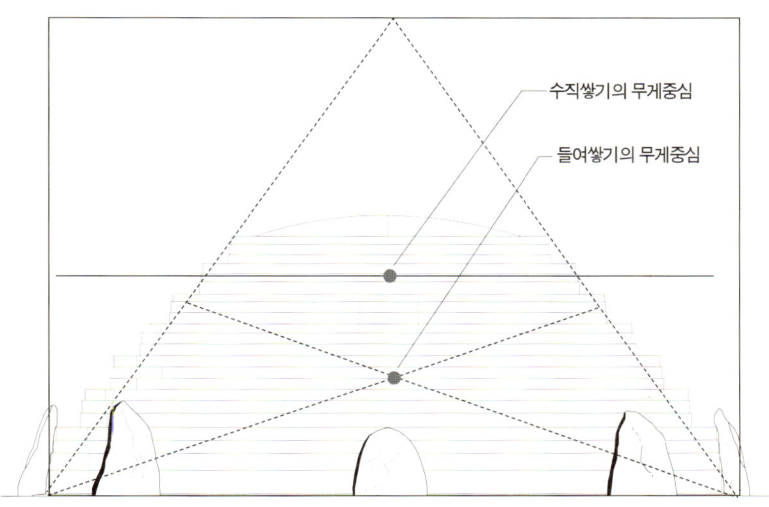

들여쌓기할 때의 무게중심은 수직으로 쌓을 때 보다 낮은 곳에 위치한다.

계단돌을 쌓을 때 밖으로 드러난 면을 약간 경사지게 다듬은 이유는 무엇일까? 그것은 돌 위에 돌을 쌓는 작업의 어려움 때문이다. 돌을 올려쌓는 것은 생각보다 간단하지 않다. 특히 돌로 쌓은 건축물을 수백 년간 무너지지 않도록 만드는 것은 아주 어렵다. 그것은 돌이 가진 성질 때문이다. 돌(건축에서는 석재라고 한다)이 가진 재료로서의 성질을 정확히 이해하는 사람만이 오래도록 무너지지 않는 건축물을 세울 수 있다.

돌이 건축의 주요 재료로 사용되는 이유는 우선 돌로 축조한 건축물은 겉보기에 크고 아름다운 모습을 하고 있기 때문이다. 게다가 쉽게 마모되지 않고 비바람에 강하며 불에도 타지 않는다. 하지만 단단한 재질로 인해 다양한 모습으로 가공하기 어렵고 무게가 많이 나가기 때문에 운반이 어려운 단점을 지니고 있다. 석재가 갖는 재료로서의 구조적 단점은 압축력에는 아주 강한 반면 인장강도는 압축강도의 약 1/20~1/40 내외에 불과하다는 점이다. 이런 성질로 인해 인장력이 큰 커다란 석재는 깨지기 쉽다. 또한 열에는 균열이 생기고 지진 및 횡력에 약한 모습을 보인다.

우리나라에는 질 좋은 석재가 풍부해 삼국시대부터 구조적으로 안정이 중요한 건물이나 기타 구조물의 기초와 기단부를 축조하는 데 많이 활용했다. 고구려인은 석재가 지닌 성질을 정확히 알고 있었기 때문에 목적에 따라 다양한 형태로 가공하여 석재를 사용할 수 있었다.

고구려인은 돌을 쌓을 때 조금씩 들여쌓기를 해서 구조적인 안정을 꾀했다. 들여쌓기가 수직쌓기보다 안정적인 이유는 무엇일까? 그것은 무게중심을 낮게 유지해서 여러 가지 충격으로부터 건축물을 보호할 수 있기 때문이다. 무게중심이란 물체의 각 부분에 작용하는 중력의 합력의 작용점을 말한다.

무게중심은 물체의 위치가 어떠한가와 관련이 있는데, 물체의 윗부분에 무게중심이 있을 경우 물체는 매우 불안정한 상태가 되어 쓰러지기 쉽다. 하지만 무게중심이 물체의 아래 부분에 있을 경우 안정적인 상태가 되어 외부의 충격에도 잘 쓰러지지 않는다.

들여쌓기를 한 장군총은 전체 형태가 삼각형에 가까운 모습을 보인다. 따라서 장군총의 무게중심은 장군총의 외벽을 따라 가상의 삼각형을 만든 후 그 삼각형의 세 중선이 교차하는 점이 된다.

만약 장군총의 계단석을 수직으로 쌓았다면 장군총과 똑같은 높이의 직육면체 건물을 가상할 수 있는데, 그 무게중심은 사각형의 중선이 교차하는 점이 된다. 이 둘을 비교했을 때 들여쌓기가 무게중심이 훨씬 낮은 곳에 위치하는 것을 알 수 있다. 옛 어른들은 "하체가 튼튼해야 건강하다"라고 자주 말씀하셨는데 이 말씀에도 과학적인 근거가 있는 셈이다.

크고 높은 건물일수록 윗부분으로 갈수록 좁게 만드는 것은 현대 건축에서도 마찬가지이다. 지금은 우리나라 최고층 빌딩의 영광을 내려놓았지만 여의도의 63빌딩도 위로 갈수록 조금씩 좁게 건물을 올린 것을 볼 수 있다. 고구려인의 들여쌓기가 1,500여 년의 세월을 건너뛰어 지금도 그대로 적용되고 있는 것이다.

::장군총의 둘레에 놓인 10장 둘레돌의 비밀

장군총의 둘레에는 10장의 거대한 둘레돌이 각 면에 3장씩 기대어 세워져 있다. 원래는 12장의 둘레돌이 있었으나 2장은 없어지고 10장만 남아 있다. 왜 이렇게 둘레돌을 세웠을까? 그것은 장군총의 외벽에 쌓은 돌이 바깥으로 밀려나지 않도록 막아주는 역할을 한 것으로 추정된다.

들여쌓기로 쌓아올린 돌들은 중력이 작용하는 방향, 즉 위에서 아래로 하중을 받는다. 이 같은 상황에서 수직으로 작용하는 하중은 밑으로 갈수록 바깥 방향으로 하중을 전달하게 된다. 이 같은 작용이 밑으로 내려갈수록 더욱 커져 장군총을 붕괴시키는 요인이 될 수도 있다. 이러한 수평압^{수평방향으로 작용하는}

둘레돌을 기대놓은 장군총 외벽

장군총 외벽 무너진 곳

힘에 대항하기 위해 거대한 둘레돌을 받혀놓았던 것이다.

또 한 가지, 고분의 내부에서 바깥으로 작용하는 힘이 있다. 장군총의 구조는 이집트의 피라미드처럼 고분의 내부까지 잘 다듬은 화강암으로 쌓아올린 것이 아니다. 장군총의 내부는 냇돌로 채워져 있다. 이 냇돌은 잘 쌓은 고분 외부의 석재처럼 구조를 지탱하는 것이 아니라 마치 흙처럼 중력에 의해 무너지려는 성질을 가지고 있다. 특히 고분의 정상부에 세웠던 기와지붕을 올린 건물이 무너지면서 때마다 오는 비가 무덤 안으로 스며들었을 것이다. 이렇게 고분 안으로 들어온 물은 냇돌 사이의 공간을 채워 무게를 가중시켜 토압을 증가시켰고 이런 토압으로 인해 장군총의 외벽은 점점 바깥으로 밀려나올 위기를 맞게 되었을 것이다. 현재 둘레돌이 없는 면은 토압과 하중으로 인해 외벽의 돌들이 밀려나오는 모습을 보인다.

고구려 돌무지무덤의 특징은 주검이 놓이는 널방을 지상에 만드는 것이다. 장군총은 3층 계단 위에서부터 널방을 만들기 시작해서 널길은 5층 계단과 연결된다. 널방은 잘 다듬은 돌로 위로 갈수록 좁아지게 벽을 쌓은 후 평행고임을 하고 1장의 돌로 천장을 막았다. 널방 바닥에는 돌을 깔고 그 위에 관을 올리는 관대 2기가 동서 양쪽에 놓여 있다. 널방 바깥 쪽 천장 주위는 냇돌과 황토에 짚풀과 백회를 섞어서 봉해 빗물이 스며드는 것을 막았다.

웅장했던 태왕릉의 모습은 폐허가 되었다.

::태왕릉 돌쌓기의 과학

태왕릉은 장군총보다 훨씬 더 큰 규모를 자랑하는 돌무지무덤이지만 지금은 무너져 큰 돌더미가 되었다. 기단의 크기는 전면 60m, 측면 60.6m로 장군총의 거의 2배에 해당한다. 석곽 천장까지의 높이는 16.5m이다. 받침부에 해당하는 제1층은 큰 돌로 7단을 쌓아서 만들었으며, 높이 5.85m, 폭 1.75m의 큰 자연석을 앞뒷면에 6개, 측면에 5개씩 기대어놓았다. 주검이 안치되었던 묘실은 정남쪽을 향하고 있으며 묘실의 천장에는 커다란 석판을 덮었다.

무덤의 내부는 냇돌로 채웠는데 석총의 무너진 돌더미 속에서 많은 벽돌과 기와가 발견되었다. 특히 벽돌에 "태왕릉이 산과 같이 안전하고 뫼와 같이 견고하기를 원한다"라는 글이 새겨져 있어 태왕릉이라 부르게 되었다. 북한과 중국에서는 이를 근거로 태왕릉을 광개토대왕의 무덤으로, 장군총을 장수왕의 무덤으로 여기고 있다.

태왕릉도 처음 만들었을 때에는 장군총과 같은 모습이었을 것이다. 아니 장군총보다 훨씬 크고 웅장했을 것이다. 바닥의 길이만 2배가 되니까. 그러나 지금은 완전히 무너져 웅장했던 옛 모습을 알 길이 없다.

태왕릉의 구조도 장군총처럼 계단식으로 큰 돌을 쌓고 내부를 냇돌과 산돌로 채웠다. 처음에는 장군총보다 거대하고 웅장한 모습이었을 것이다. 그러

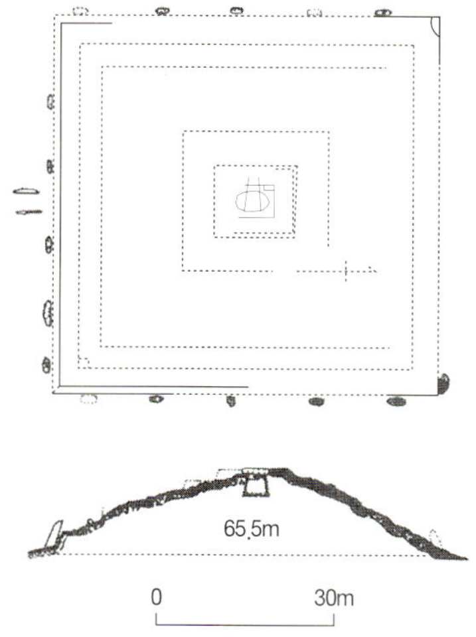

태왕릉 실측도

나 시간이 지나면서 내부를 채운 엄청난 양의 냇돌과 산돌이 밖으로 밀려 나오려고 한다. 이것을 토압이라고 한다. 토압이란 흙과 구조물의 접촉면 사이에서 생기는 모든 힘이다. 외벽을 돌로 두르고 그 안을 냇돌과 산돌로 채웠기에 흙의 압력이 수평방향으로 작용하게 된다. 이 수평방향의 힘에 대응하기 위해 커다란 둘레돌을 걸쳐두었지만 오랜 시간 진행되는 토압을 막기에는 역부족이었다. 태왕릉의 내부 변화는 마치 속을 가득 채운 만두를 위에서 누르는 것과 같다. 처음에는 계단 돌과 기단에 세운 호석이 무덤 안쪽의 돌들이 터져 나오는 것을 막아주지만 수백 년의 시간이 흐르면서 손바닥으로 계속 누른 만두의 속이 터져 나오는 것처럼 터져 나오게 된 것이다.

굴식돌방무덤의 천장에 숨어 있는 과학 원리

::과학기술로 빚어낸 아름다운 천장, 모줄임 양식

고구려의 굴식돌방무덤은 널길이 있는 굴식돌방을 봉토로 덮은 것이다. 고구려 굴식돌방 무덤의 특징은 돌방의 천장에 있다. 천장을 쌓을 때, 벽 상부를 2~3단 내어쌓은 다음 모서리에다 삼각형의 석재를 걸쳐서 내쌓는 방법을 2~4

오회분 묘실의 천정
삼각형의 돌을 모서리에 쌓는 방법을 통해 천장을 마감했다.

단 되풀이해 좁혀서 쌓아올리고 정상부에 천장 석판으로 마무리했다. 이러한 천장구조를 모줄임양식 또는 말각조정이라고 한다.

이것은 천장의 면적을 조금씩 줄여 돌이 갖는 인장력의 한계를 구조의 변경으로 극복하려고 한 것이다. 넓은 돌을 천장의 덮개석으로 사용할 경우 위에서 누르는 하중을 견디지 못하고 깨질 확률이 높다. 왜냐하면 돌은 압축력에는 강하지만 인장력에는 매우 약

쌍영총 주실 내부와 실측도
석실의 내부가 화려한 프레스코 벽화로 꾸며졌다.

한 건축재이기 때문이다. 따라서 천장에 놓을 덮개돌은 작을수록 좋다. 이런 어려움을 극복하기 위해 고구려인이 고안해낸 방법이 사각형의 네 귀퉁이를 다시 사각형의 석재로 덮어가며 천장을 줄이는 '모줄임양식'이다.

이와 같은 공법은 페르시아 지방의 사새니안인sassanian이 고안하여 주로 사용한 스퀸치squinch 구조법, 즉 정방형 평면 모서리에 삼각형의 석재인 스퀸치를 내쌓아서 8각형을 만들고, 그 위에다가 같은 방법을 반복해 원형에 가까운 평면을 만드는 공법과 서로 통하는 점이 있다.

::굴식돌방 무덤의 아름다운 벽화

굴식돌방무덤 중에는 돌방의 벽면에 벽화를 그린 경우가 많다. 지금까지 발견된 고구려의 고분 2만여 기 중 벽화가 그려진 고분은 100여 기가 넘는 것으로 조사되었다. 고구려의 고분벽화는 3세기부터 7세기까지 400여 년 동안 꾸준히 그려졌다. 벽화의 주제는 시대에 따라 조금씩 다르다. 5세기 초반까지는 고분의 주인공인 피장자가 살아 있을 때의 생활 모습을 옮겨놓은 것이 많았고, 돌방의 내부도 마치 고분의 주인공이 살았음직한 집의 내부처럼 꾸며놓았다. 이 돌방무덤을 통해 당시 고구려인의 일상생활을 추측할 수 있을 뿐만 아니라

고구려 가옥의 구조까지 추측할 수 있다.

　그러다가 5세기 중반부터 고분벽화의 주제가 일상생활보다는 죽은 이가 올라갈 가상 세계에 대한 표현으로 바뀐다. 특히 불교가 고구려 전체로 확산되면서 불교적 주제극락왕생, 윤회와 관련된 벽화가 많이 그려졌다. 6세기 중엽에는 고분벽화의 주제가 지역에 따라 다르게 나타나는데 도교와 음양오행설이 유행하면서 청룡, 주작, 백호, 현무의 사신도가 동서남북의 돌방 벽을 장식하는 경우가 많이 생겼다.

고구려 강서대묘 · 중묘의 돌방의 사방 벽에 그려져 있는 사신도 (국립중앙박물관 모사도)

신라 고분에 담긴 과학 원리

신라 고분의 분포

신라 고분을 탐구하기 위해서 가장 먼저 갈 곳은 사적 제512호로 지정된 경주시 황남동에 있는 대릉원이다. 신라의 수도였던 경주에서 많은 사람들이 찾는 곳 중 하나인 대릉원 주변에는 첨성대와 계림이 있다. 대릉원은 『삼국사기』의 기록에 "미추왕을 대릉에 장사지냈다"는 기록에서 딴 것이다. 총면적 12만 6,500㎡로, 신라의 왕을 비롯한 왕족 무덤 23기가 모여 있다. 대릉원의 고분들은 구릉이나 산지에 위치하고 있는 것이 아니라 평평한 평지에 자리 잡고 있는 점이 특징이다.

남아 있는 고분 외에도 무덤 자리가 많았다고 하는데, 봉분이 있는 무덤 위주로 공원화해 지금의 모습이 되었다고 한다. 그중에는 신라 고분 중 유일하게 내부의 모습을 공개하고 있는 천마총을 비롯해 대릉원이라는 이름을 짓게 한 미추왕릉으로 알려진 고분, 경주에 소재한 고분 중에서 가장 큰 황남대총 등이 있다. 입구를 지나면 미추왕릉으로 추정되는 고분 너머로 마치 낙타 등 모양으로 고분 2개를 붙여 놓은 듯한 고분이 보인다. 이것이 바로 황남대총이다. 황남대총은 동서 길이 80m, 남북 길이 120m, 높이 23m나 되는 거대한 규모에 2개의 능이 합쳐져서 낙타 등처럼 굴곡이 져 있다. 발굴 결과를 토대로 살펴보면 북분은 여자, 남분은 남자의 것으로 추정된다. 북분에서는 금관을 비롯해 목걸이, 팔찌, 곡옥 등의 장신구 수천 점이 나왔으며 남분에서는 무기가 주류를 이루는 2만 4,900여 점의 유물이 나왔다.

경주 황남동 대릉원 전경

황남대총 왼쪽에는 내부를 보여주는 전시공간으로 만든 천마총이 있다. 1973년 발굴 당시 하늘을 나는 말의 그림이 그려져 있는 말다래가 출토되었기 때문에 천마총이라 부르게 되었다. 천마총은 경주에서 유일하게 고분 속을 들여다볼 수 있는 곳이다. 안으로 들어가면 고분의 반을 잘라 특수하게 처리해 고분의 구조를 한눈에 살펴볼 수 있도록 꾸며져 있고 그 주변으로 출토 유물 등을 전시하는 전시장이 마련되어 있다. 천마총에서 출토된 유물은 현재 국립중앙박물관과 국립경주박물관에 소장·전시되어 있으며 이곳의 전시품은 복제품이 대부분이다.

신라 고분의 분류

신라 고분의 구조와 형태는 지역에 따라 그리고 시기에 따라 변화를 보인다. 묘제에 따라 구분하면 독널무덤, 널무덤, 덧널무덤, 돌무지덧널무덤, 구덩식돌덧널무덤, 굴식돌방무덤 등으로 나눌 수 있다. 그 변화의 단계를 보면 경주 일대에서는 널무덤, 덧널무덤, 돌무지덧널무덤, 굴식돌방무덤으로의 변화를 보인다. 그러나 경주 이외의 지역에서는 널무덤, 덧널무덤, 구덩식돌덧널무덤,

앞트기식돌방무덤, 굴식돌방무덤으로의 변화양상을 보인다.

　지배자의 무덤으로서 권력을 과시하기 위한 수단으로서 조성되는 신라 고분은 덧널무덤에서 그 모습을 볼 수 있다. 덧널은 시신 외에 주인공의 내세를 함께할 껴묻거리를 넣기 위한 구조로 개발되었다. 특히 신라의 덧널무덤은 경주 일대에서 폭이 좁아지는 대신 길이가 길어지는 경향을 보인다. 덧널의 내부의 반은 시신을 안치하기 위한 공간으로 그리고 나머지 반을 토기와 철기, 말갖춤 등의 껴묻거리를 넣는 공간으로 활용했다.

　경주 이외의 지역에서는 덧널무덤 이후에 구덩식돌덧널무덤이 축조되었다. 구덩식돌덧널무덤은 무덤구덩이를 네모나게 판 후 사방 벽을 돌아가면서 깬돌할석로 쌓아올리고 그 안에 널 또는 덧널을 놓은 후 시신과 껴묻거리를 안치하고 그 위를 길이가 2m가 넘는 커다란 판석을 여러 장 덮고 마지막으로 둥그런 형태로 봉토를 커다랗게 쌓았다.

　4세기 후반부터 6세기 후반까지의 신라 고분은 대부분 외형이 웅장한 봉토분이 축조되었다. 내부 구조는 돌무지덧널무덤적석목곽분과 돌널무덤석곽분의 두 형식으로 나뉘며, 소수의 돌방무덤이 있다. 이렇게 거대한 크기의 봉토분에는 무덤 주인공의 위세를 과시하듯 많은 양의 껴묻거리가 함께 매장되었다. 막대한 양의 토기는 물론 주인공을 치장하기 위한 관, 관장식, 목걸이, 허리띠장식 등과 함께 말갖춤이나 금속제 그릇 심지어 페르시아 지역에서 수입한 유리세공품을 매장했다.

무너지는 것이 기술력!

::돌무지덧널무덤 속의 과학기술

신라가 본격적인 중앙집권국가로 발전하기 시작한 4세기 무렵부터 지배층의 무덤으로 돌무지 덧널무덤이 사용되었다.

　5~6세기 신라 고분의 대표적인 양식은 돌무지덧널무덤으로 무덤의 규모가 조그만 동산만큼 큰 것이 특징이다. 돌무지덧널무덤은 땅속이나 땅 위에 주검을 안치한 관과 껴묻거리를 넣은 상자를 넣고 이것들을 나무덧널로 덮은 후 그

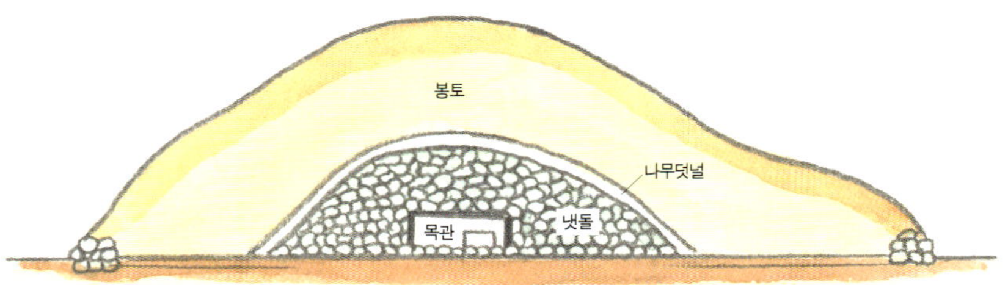

돌무지덧널무덤 내부

위를 돌로 덮고 봉토를 씌우는 방식으로 축조했다. 이러한 형태의 무덤이 갖는 가장 큰 특징은 굴식돌방무덤이나 벽돌무덤과는 달리 한 번 시신을 매장한 후에는 출입이 불가능하다는 점이다. 특히 매장주체시설을 이루는 나무덧널은 오래되면 썩어서 무너지게 된다. 나무덧널의 함몰로 그 위에 쌓은 돌무지와 봉토의 흙이 고분 내부를 완전히 덮게 되므로 더 이상 다른 시신을 안치할 수 없게 된다.

우리는 건축물을 지을 때 자연의 섭리를 거스르고 오랫동안 무너지지 않게 짓는 것을 기술력이라고 여긴다. 그러나 일부러 무너지도록 지은 건축물도 있다. 그것이 바로 신라시대의 돌무지덧널무덤이다.

돌무지덧널무덤의 축조과정을 좀 더 자세히 살펴보자. 먼저 전체 고분의 크기와 형태를 계획하여 바닥을 정지한다. 그리고 중앙의 지하에 구덩이를 파고 그 바닥에 냇돌을 깐 다음, 그 위에 나무덧널^{목곽}을 놓고 덧널 안에 관과 껴묻거리^{부장품}를 두었다. 나무덧널의 주위와 상부에는 냇돌을 중첩해놓은 다음 내부에 빗물의 침입을 막기 위해 점토를 둘러쌓고 그 위에 봉토를 쌓아올렸다. 바깥에서 본 무덤의 형태는 비교적 경사가 심한 둥근 형태의 커다란 모습이 된다.

나무덧널 주변에 냇돌을 쌓아서 만들었으므로 고분을 조성해 매장의식이 끝나면 다시 고분을 여는 일은 불가능하다. 이런 이유로 현재까지 축조 당시의 모습 그대로 전해지고 있다.

:: 고분 속 보물에 담긴 과학기술

1972년 대릉원의 고분 중 가장 큰 규모인 황남대총을 발굴했다. 막대한 양의 흙과 돌을 걷어내자 무덤의 주인이 잠들어 있던 매장주체시설에서 무려 5만 7천여 점의 유물이 나왔다. 돌무지덧널무덤 2기를 붙여서 마치 표주박 형태로 조성한 황남대총은 북분과 남분으로 구성되었다. 그중 북분에서는 목걸이와 팔찌, 곡옥 등 꾸미개가 주로 나왔고, 남분에서는 토기와 철제 무기 등이 출토되었다. 황남대총에서 출토된 유물 중 단연 황

황남대총 출토 금관

금으로 만든 유물들이 가장 눈길을 끌었다. 그중 북분에서 나온 금관국보 제191호은 그 화려하고 섬세한 모습으로 당시 신라인의 뛰어난 금속세공 기술을 보여주고 있다.

삼국의 고분 가운데 신라 고분, 그중에서도 경주의 대규모 돌무지덧널무덤에서 대량의 유물이 발굴되는 것은 신라의 장례풍습과 더불어 돌무지덧널무덤의 독특한 구조에서 그 이유를 찾을 수 있을 것이다.

돌무지덧널무덤에서 굴식돌방무덤으로의 변화

5세기 무렵에 등장해 약 150여 년간 화려한 껴묻거리와 함께 거대한 모습을 자랑하던 돌무지덧널무덤은 그 후 더 이상 축조되지 않았다. 6세기 중반 이후 신라가 영토를 확장하고 통일의 기틀을 마련할 무렵 거대한 돌무지무덤은 점차 사라지게 되었다. 그 이유는 더 이상 신라의 지배층이 거대한 고분을 통해 권력을 과시할 필요가 없어졌기 때문이다. 중앙집권적 정치체제가 확고하게 자리 잡으면서 왕은 신격화된 신비스러운 존재가 아니라 현실적인 통치의 주인

공이 되었다. 게다가 불교가 사회 전체를 아우르는 중심 종교의 역할을 담당하게 되면서 사후세계에 대한 관념에 큰 변화가 생겼다.

이제는 죽은 이의 영원한 안식처이자 지배자의 정치적·사회적 권력의 상징으로서의 거대 고분은 의미를 잃게 되고, 죽은 이의 시신은 화장해 바다에 뿌리거나 규모가 작은 굴식돌방무덤에 안치했다. 통일 이후에 만들어진 고분들은 이러한 변화를 보여주듯이 규모가 작아지면서 껴묻거리도 이전처럼 많은 유물을 매장하지 않게 되었다.

무덤의 겉모습도 크게 변화했다. 거대한 봉토가 사라지면서 봉토를 지지하고 무덤의 경계를 표시하던 호석은 이제 봉토를 두르는 장식 조각과 함께 설치되고, 내부의 구조도 추가로 시신을 매장할 수 있는 돌방무덤의 형태를 갖추게 되었다.

고분과 정치

삼국의 고분과 정치

삼국의 고분은 지역에 따라 형태와 크기에서 차이점을 갖는다. 그러나 공통점을 찾을 수도 있는데 가장 큰 공통점은 정치적 기념물이라는 점이다.

고분은 산 자를 위한 공간이 아니라 죽은 자를 위한 공간이다. 그럼에도 불구하고 산 자의 정치적 목적에 의해 축조되었다. 선대왕의 무덤을 만들고 제사를 지내는 과정을 주관하는 일은 왕위를 계승한 현재의 권력자에게 주어진 중요한 정치적 행위였다. 현재의 권력자는 이 과정을 통해서 자신이 선대왕의 권력을 계승했음을 대내외에 과시하여 자신의 권력의 정당성을 인정을 받으려고 했다.

고대 왕족의 고분이 도성 주변에 축조되는 이유도 죽은 선조의 무덤이 자신의 권력을 지켜주고 나라를 지켜준다는 믿음에 기초하였기 때문이다. 따라서 고분을 설명할 때 고분의 축조 과정뿐만 아니라 고분에서 행해졌을 다양한 의식들에도 주목할 필요가 있다.

한편, 중앙의 권력자는 지방을 지배하기 위한 정치적 목적으로 고분을 이용하기도 하였다. 삼국의 중앙정부는 지방의 실력자들의 권위를 인정하고, 한편으로 왕에 대한 충성을 맹세받고자 하였다. 이때 이용한 것이 '위세품'의 선물이다. '위세품prestige goods'이란 그것을 착용하거나 휴대하는 사람의 신분이나 권세를 증명하는 물건을 말한다.

공주 수촌리에서는 한성 백제시대 공주지역 실력자의 고분이 발굴되었다.

이 고분에서 금동관과 금동신발을 비롯한 귀중한 유물들이 대량으로 출토되었다. 금동관모와 금동신발, 고리자루칼환두대도와 살포●, 그리고 중국에서 수입한 자기 등은 한성백제의 중앙정부가 공주 지역의 실력자를 인정해 줌과 동시에 자신의 지배하에 두기 위해서 선물한 것으로 추정된다.

현대에 되살아난 고분과 정치

고분을 둘러싼 정치는 1,500여년전 과거에만 벌어지는 일이 아니다. 과거의 유산인 고분을 현대 정치에 이용하는 일들은 지금도 일어나는 일이다.

● 논에 물꼬를 트거나 막을 때 쓰는 긴 자루와 조그만 삽으로 이루어진 농기구.

　1994년 10월 북한은 우리민족의 시조
인 단군과 그왕비의 무덤인 단군릉을 공
개했다. 북한은 단군이 5,011년 전의 실
존 인물이라고 주장했다. 그러나 공개된
단군릉은 과거의 고분 그대로가 아니라
장군총과 고려왕릉을 혼합한 새로 만든
것이었다.

장군총을 본따 다시 만든 북한의 단군릉

　북한은 단군릉을 통해 단군이 우리 민
족의 원시조이고 이를 계승한 우리 민족의 주체성을 강조하고자 한 것이다. 북한 정부는
단군릉의 진위여부와는 상관없이 단군릉을 통해 민족의 주체성을 강조하여 북한 주민을
하나의 운명공동체로 묶으려고 한 것이다.

　우리나라에서도 정치적인 목적에 의
해 고분의 발굴이 활발하게 이루어진 때
가 있었다. 경주에 있는 신라의 고분들
이 바로 그 대상이었다. 경주의 대릉원
의 천마총 앞에는 당시의 상황을 보여주
는 '천마총 사적기'가 돌판에 새겨져 있다.

7개월만에 발굴을 끝내고 전시관이 된 천마총

"이곳은 국토통일의 기상이 넘치고 민족문화가 찬란하게 꽃핀 신라의 천년고도 서
라벌의 옛터다. 박정희대통령께서는 신라의 통일정신을 오늘에 되살리고 찬란한 민
족문화를 기리 보존하기 위하여 경주지구 개발의 대영단을 내려셨다. 그 사업의 하
나로 1973년 4월부터 10월까지 7개월에 걸쳐 천마총 발굴조사가 실시되었으며
…… 세계문화사에 찬연히 빛나고 있는 우리 민족문화의 전통을 발전한국의 위대한
기상 속에 재현코저 하는 그 드높은 뜻을 여기 새겨서 기리 전하고져 한다."

　1971년 6월 포항제철소의 화입식에 갔다가 경주에 들른 고 박정희 대통령은 경주관광
종합개발계획의 수립을 지시했다. 대통령의 특별지시에 따라 경주의 문화유적과 관광을
결합시켜 새로운 관광상품을 만들고자 보문단지를 만들고 경주시를 체계적으로 정비하
였다. 이 과정에서 신라의 왕릉으로 알려진 대릉원의 돌무지덧널무덤에 대한 발굴이 진
행되었다.

백제 고분에 담긴 과학 원리

시기에 따른 백제 고분

::한성 백제시대(3세기~475년)

백제는 처음 한강 유역에 도읍을 정하고 주변의 여러 세력을 통합하면서 영토를 확장하고 국가체제를 확립시켰다. 5세기 고구려의 공격으로 한강 유역을 빼앗길 때까지 한강유역을 중심으로 나라를 발전시킨 시기를 한성 백제시대라고 한다. 한성 백제시대는 백제사의 2/3를 차지하는 시기지만 알려진 내용이 많지 않다. 오히려 우리는 백제하면 공주웅진와 부여사비를 떠올리는 것이 자연스럽다. 전해지는 문헌자료도 많지 않을 뿐만 아니라 급격한 도시화로 인해 과거의 모습을 찾을 만한 고고학적 성과를 얻기 힘든 것도 한성백제 시대의 모습을 잘 알지 못하는 이유로 들 수 있다.

석촌동 3호분

◀ 돌무지무덤 축조과정 모형
▶ 무덤에서 제사를 지내는 모습을 복원한 모형 (한성백제박물관)

　　한성 백제시대 전반적인 고분 양상을 알 수 있는 유적은 석촌동고분군이 거의 유일하다시피 하다. 사적 243호로 지정되어 있는 석촌동고분군은 움무덤토광묘와 독널무덤옹관묘, 돌덧널무덤석곽묘, 흙무지무덤분구묘, 돌무지무덤적석총 등 다양한 무덤이 함께 존재하고 있다. 그중 가장 눈에 띄는 것은 돌을 쌓아 봉분을 만들고 그 안에 시신을 묻은 돌무지무덤이다.

　　석촌동 고분군에 있는 돌무지무덤은 고구려의 무덤처럼 봉분 전체를 돌로만 쌓은 순수한 돌무지무덤인 석촌동3호분과 봉분 안을 흙으로 채운 후 돌을 쌓은 돌무지무덤석촌동2호분, 석촌동4호분이 있다. 이 중 돌을 3단으로 쌓아올린 석촌동3호분은 동서 길이 50.8m, 남북 길이 48.5m의 규모로 한반도에서 가장 큰 돌무지무덤이다. 무덤의 규모로 보아 한성백제 전성기의 왕릉이었을 가능성이 높다.

　　석촌동3호분은 고구려의 기단식돌무지무덤과 형식이 비슷해 백제의 건국 세력이 고구려와 밀접한 관련이 있음을 보여준다.

::웅진시대(475~538년)

서기 475년, 고구려의 장수왕이 군사 3만 명을 이끌고 백제를 공격해 수도인 한성을 함락시켰다. 당시 왕인 개로왕은 성이 함락되자 몇 명의 부하들과 성 밖으로 도망가다가 붙잡혀 아차산 아래에서 처참한 죽음을 당했다. 『삼국사기』의 기록에 의하면, 고구려가 침입하자 왕자인 문주가 신라에 구원병을 요청하고 돌아오던 중 한성이 함락되었다는 소식을 듣고 급히 도읍을 웅진지금의

공주 송산리고분군

공주으로 옮겼다고 한다. 5세기 고구려의 공격으로 한성을 빼앗긴 백제는 웅진 천도 이후 한강 유역의 상실로 인한 왕권의 실추, 지방 귀족의 반란 등으로 한 동안 어려움을 겪었다. 그러나 동성왕부터 무령왕 대에 이르는 동안 지방 세력에 대한 통제를 강화하고, 중국 남조, 왜 등과의 교류를 통해 국가체제의 안정을 이루게 되었다. 이러한 정치적 변화는 고분의 축조에도 영향을 끼쳐 웅진 시대에 들어오면 움무덤토광묘계 묘제가 급격히 소멸하는 대신 공주 지역을 중심으로 석실묘가 주를 이루게 되고, 무령왕릉과 공주 송산리6호분 같은 벽돌무덤전축묘도 축조된다. 사적 29호로 지정된 공주 송산리고분군은 웅진시대 왕실을 비롯한 최고 지배계층의 묘지로서 네모꼴 평면에 돔형천정, 한쪽으로 치우친 널길연도를 하고 있는 돌방무덤이 특징적이다. 송산리 고분군에서 가장 눈에 띄는 고분은 525년에 축조된 무령왕릉이다.

　무령왕릉은 터널식 중앙 널길에 보주형 벽감을 갖고 있고, 4평1수 쌓기로 벽돌을 쌓아 만든 무덤으로서 중국 남조 양梁나라의 묘제를 본따서 축조된 것으로 알려져 있다. 한편 무령왕의 시신을 모신 목관은 일본 특산의 금송으로 만들어졌다. 무령왕릉에서 확인되는 중국과 일본의 영향은 무령왕이 고구려의 압력으로 약해진 백제를 다시 일으켜 세우기 위해 국제관계를 이용했음을 보여준다.

무령왕 대에 안정된 정치상황을 바탕으로 무령왕의 아들인 성왕(523~554)은 백제의 중흥을 위해 노력을 기울였다. 성왕은 538년 웅진에서 사비지금의 부여로 도읍을 옮겼다. 그리고 나라 이름을 '남부여'로 고치고 행정제도를 정비한 후, 신라와 우호관계를 유지하면서 고구려에게 빼앗긴 한강유역을 되찾는 데 전력을 다했다. 방어에 유리하지만 많은 인구가 모여 살기에 적당치 않았던 공주에 비해 사비는 방어에도 유리할 뿐아니라 넓은 평지를 끼고 있어 발전에도 유리한 곳이었다. 성왕은 사비에 나성과 궁궐을 축조하고 많은 불교사원을 세우는 등 도성 건설을 위한 준비작업을 하고 도읍을 옮겼다.

사비시대에는 고분의 축조에 들이는 노력이 점점 줄어들게 되었다. 그리고 고분 축조에 사용되었던 많은 노동력과 자원을 도성을 방어하는 나성과 궁궐, 그리고 불교 사찰의 건립에 사용하게 되었다. 이런 이유로 사비시대에 들어오면 고분의 규모는 축소되었고 묘제는 더욱 단순해진다. 석실 단면이 육각형에 벽돌무덤의 영향으로 중앙 연도가 주를 이루고 잘 다듬은 판석으로 벽석을 축조하는 한편 평면과 높이 등의 크기에서 규격화된 '능산리형 석실'이 중심을 이루게 된다.

능산리고분군 (충청남도 부여군)
축조 시기는 앞줄 3기가 가장 빠르고 뒷줄 3기가 그 다음. 맨 위의 1기가 가장 늦다.

사적 제14호로 지정된 능산리고분군은 충남 부여군 부여읍 능산리에 위치하고 있다. 그곳은 백제 왕실의 고분군으로 앞 줄에 3기, 뒷줄에 3기, 그리고 맨 뒤 제일 높은 곳에서 1기가 발견되어 모두 7기의 고분으로 조성되어 있다. 고분의 겉모습은 모두 흙으로 쌓은 반구형으로 내부는 널길이 있는 굴식돌방무덤이다. 앞 줄의 고분 3기가 크고, 뒷줄의 고분들이 조금 작다.

능산리1호분(동하총)의 사신도

이들 고분 중 6기는 일제강점기에 발굴 조사되었고, 뒤편의 1기는 1971년 보수공사 당시에 발견되어 추가되었다.

능산리 고분군의 묘제는 모두 굴식돌방무덤이지만 내부 매장주체시설의 구조가 조금씩 다르다. 사면의 벽 위에 판석만 올려놓은 평천정식 돌방과 사면의 벽 위에 커다란 장대석을 안쪽으로 기울여놓고 그 위에 천장석을 올린 육각형 돌방, 그리고 양쪽의 긴 벽 위에 장대석을 안으로 경사지게 쌓아 곡면을 이루게 한 터널형 천정식 돌방 등이 있다.

특히 1호분인 동하총의 경우에는 화강암으로 만든 돌방내부의 벽을 곱게 다듬어 사신도를 그렸다.

돌방의 천장을 육각형으로 만들어 천장의 크기를 줄인 '육각형 돌방'은 사비시대 백제 고분의 특징 중 하나이다. 돌방의 육각형 돌방은 백제인이 힘의 평형 등 '힘과 운동'에 관한 과학 원리를 이해하고 이것을 고분 축조에 적용할 수 있었다는 것을 보여준다.

힘에 관한 원리를 '역학'이라 하며, 역학의 일반 원리를 각종 형태를 지닌 구조물에 적용해 여러 힘의 영향을 연구하는 응용역학을 '구조역학'이라 한다. 우리가 생활하는 집을 비롯한 다양한 구조물은 모두 구조역학을 반영해 만들어졌다. 각종 구조물은 외부 힘이 가해지면 구조물 내부가 어떤 힘을 받아 어떻게 변형하는지를 역학의 일반원리를 이용해 밝혀내는 응용역학의 한 분야이다. 공학은 하중을 지탱하거나 전달하기 위해서 각종 소재를 조립해서 만든 구조물이 그 하중에 대해 충분히 안정적인지 또 동시에 그 기능을 유지하는지 등을 연구한다. 따라서 구조역학은 토목공학, 건축학, 기계공학, 선박공학, 항공공학 등 각 분야의 기초학문이 된다.

백제의 돌방무덤은 볼트형의 무령왕릉을 거치면서 그 영향을 받아 평면형이 방형에서 장방형으로 바뀌는데, 이러한 평면형의 변화에 따라 천장을 만드는 방식도 이전의 궁륭형에서 커다란 변화가 있었다. 이는 사방의 벽석을 일정 높이까지 수직으로 세운 다음 양쪽의 긴 벽을 따라 천장석과 벽석 사이에 천장석을 받칠 수 있는 괴임돌을 놓은 것으로서 단면을 보면 육각형이 된다.

능산리식 고분의 육각형 천장
벽석과 천장의 덮개돌 사이에 폭을 좁히는 괴임돌이 놓여 있다.

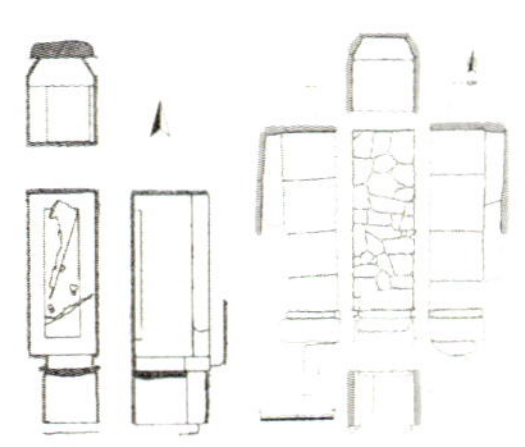

능산리식 천장(육각형)을 가진 고분의 평면도

이 기술은 백제 사비시기의 왕릉들이 있는 능산리고분군의 돌방에서 가장 전형적으로 보인다. 세밀하게 잘 다듬은 커다란 판석 2~4매를 세워 벽을 쌓은 다음 그 위에 안으로 기운 경사면을 가진 장대석을 얹고 잘 가공한 판석으로 천장돌을 덮었다. 이 방식 또한 사용할 수 있는 천장석의 크기에 제한이 있기 때문에 돌방 너비가 일정 크기 이상으로 커질 수 없으며, 이 때문에 평면형태도 장방형이 될 수밖에 없다.

삼각형 천장은 맞배식 천장으로도 불리는 것으로서 능산리식의 단면 육각형천장과 약간 유사한 점이 있다. 그러나 이 방식은 사방의 벽을 판석과 같은 돌로 세워 쌓은 다음, 양쪽 장벽 위에 커다란 판석을 안으로 경사지게 놓아 꼭

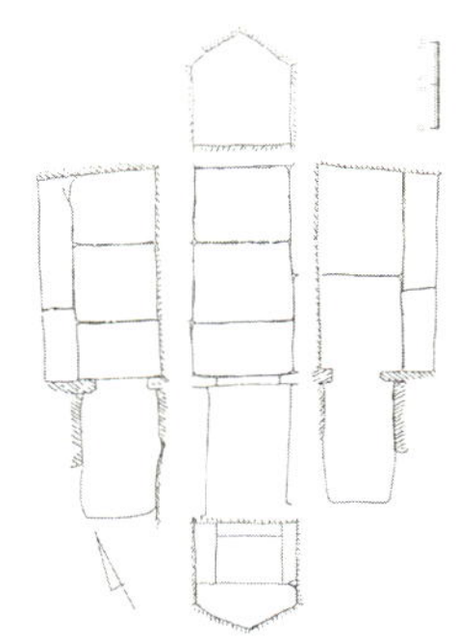

공주 시목동1호분 내부
돌방의 단면이 오각형으로 되어 있다.

공주 시목동1호분의 평면도

대기 점에서 합해지도록 만든 구조이다. 이에 따라 돌방의 단면이 오각형으로 되어 있는 것이 이 천장의 가장 큰 특징이다. 결국 비스듬하게 놓은 양쪽 돌이 서로 마주보면서 천장을 구성하도록 만든 것으로서, 능산리식 천장이 변형된 형태로 볼 수 있다. 백제 지역에서 널리 분포한 것은 아니고 공주 시목동무덤 등에서 확인되고 있다. 능산리형 돌방이 위에서 내려오는 하중을 천정석의 면으로 지탱한다면 합장식은 선으로 막는다는 점에서 하중의 분산에서는 오히려 고난도의 기술이 필요하다.

사적 제14호로 지정된 부여 능산리고분군은 사비 천도기 백제 왕실의 묘지로서, 동하총에는 화강석면을 곱게 다듬어 직접 사신도를 그린 벽화가 있다. 능산리형 또는 백제 후기형 석실은 규격성과 계층성 등으로 볼 때 중앙 권력이 무덤의 크기와 사용 석재 등을 통제했던 결과로 보인다. 최고 권력자인 왕과 귀족들의 서열을 명확하게 구분하여 무덤의 크기와 사용 석재까지 계층화했다는 것은 당시 백제의 정치가 율령을 바탕으로 체계화된 체제를 가지고 있었음을 보여주는 것이다.

능산리고분에서 가장 눈에 띄는 무덤은 525년에 축조된 무령왕릉이다. 무령왕릉은 터널형 천장을 갖춘 직사각형의 무덤으로 바닥은 대부분 관의 받침대 역할을 하도록 만들었다. 네 벽은 벽돌을 옆으로 눕혀서 4단을 쌓고, 짧은 변

무령왕릉 벽면의 벽돌 쌓기와 불을 피웠던 벽감 (송산리 고분군 모형전시관)

무령왕릉을 쌓을 때 사용된 벽돌 (국립공주박물관)
사다리꼴 모양은 천장을 쌓을 때 사용하였다.

을 세워서 1단을 쌓기를 반복하는 4평 1수_{4平1竪}쌓기식으로 올렸다. 이와 같은 방법으로 쌓은 이유는 무덤 방에 작용하는 수평방향의 압력과 수직방향의 압력에 모두 버티는 구조를 위해서 이다. 사방벽에는 보주형태의 벽감이 있고 벽감 안에 실제 무덤을 밝히는 불을 피운 것으로 보인다.

천장은 한쪽이 좁은 사다리꼴의 벽돌을 이용하여 경사를 준 뒤 터널형태로 마무리 하였다. 무덤방 앞의 널길 역시 볼트형이며, 입구는 벽돌을 쌓고 석회와 흙으로 발라 막았다.

벽돌무덤은 중국 한나라 때부터 유행한 것이지만 우리나라에서는 평양 지역의 낙랑무덤과 공주 송산리 고분군의 6호분과 무령왕릉이 대표적인 벽돌무덤이다. 무령왕릉은 중국 남조 양나라의 묘제를 빌린 것으로 당시 백제의 외교관계를 엿볼 수 있다.

한편 무령왕의 관으로 사용된 목관은 일본 특산의 금송_{金松}● 이다. 사용된 금송의 나이테로 추정한 결과 350~600년된 지름 130㎝이상의 거목을 잘라 제작한 것으로 밝혀졌다. 이로써 당시 백제와 왜의 관계가 밀접했음을 알 수 있다. 목관은

무령왕릉 내부 복원모형 (국립공주박물관)

● 정식 명칭은 こうやまき_{고야마키}로서 직경 1.5m 내외까지 자라며, 관재에 적합한 나무로 알려져 있다.

두께 5cm 정도의 두꺼운 관재를 결합하고 안과 밖에 옻칠을 하였다. 관뚜껑은 중앙의 판재를 중심으로 좌우로 기울어진 널판을 계단식으로 겹쳐 만들었는데, 이러한 형태는 다른 곳에서는 찾아볼 수 없는 독특한 것이다. 무령왕릉에서 확인되는 중국과 일본의 영향은 무령왕이 고구려의 압력으로 약해진 백제를 다시 일으켜 세우기 위해 국제세력을 이용했음을 보여주고 있다.

::무령왕릉의 아치와 볼트

아치는 다리나 문 등을 만들 때, 위에서 누르는 힘을 버티기 위해 돌이나 벽돌 등을 곡선 모양으로 쌓아올린 구조이다. 나무 막대를 한 개 집어서 위로 둥근 모양을 하도록 만든 다음, 위에서 누르면 막대의 양끝은 밖으로 벌어지려고 한다. 이것을 벌어지지 않도록 양 끝을 고정시키면 가느다란 나무 막대로도 위에서 누르는 매우 큰 힘을 견뎌낼 수 있다.

아치는 홍예돌이라고 부르는 쐐기 형태의 돌이나 벽돌을 반원형으로 이어붙여서 만든다. 홍예돌은 사선 방향으로 공중에 떠 있기 때문에 인장력이 발생하지 않는다. 아치에서 발생하는 힘은 홍예돌 각각에 작용하는 사선방향의 힘이며 이것이 비틀리지 않는 한 무너지지 않는다. 게다가 홍예돌 사이의 마찰력이 추가로 발생하기 때문에 더욱 튼튼하고 시멘트 같은 접착제를 사용할 경우 마찰력은 더욱 증가한다. 인장력이 발생하지 않기 때문에 반원형만 완벽하게 축조할 수 있으면 지름은 어렵지 않게 늘릴 수 있다. 따라서 배가 밑으로 지나갈 정도의 커다란 아치형 다리도 만들 수 있다.

볼트의 구조적 강점은 둥근 천장에서 나오는데 이것은 아치의 장점을 3차원으로 확장한 것이다. 볼트는 위에서 아래로 작용하는 하중을 옆으로 흘려보내기 때문에 압축력과 인장력을 최소화한다. 여기에 천장 두께를 두껍게 하면 하중을 버티는 힘은 더욱 커진다. 따라서 토압 등을 견뎌야 하는 터널이나 지하구조에 많이 사용한다.

그런데 입구와 천장을 이루는 볼트를 쌓기 위해서는 아치형태가 만들어질 때까지 지탱해줄 틀이 필요하다. 고대 백제 사람들은 나무로 틀을 만든 후 벽돌을 쌓았다. 그리고 볼트의 형태가 갖추어진 다음 나무틀을 없애면 벽돌이 위에서 누르는 힘을 옆으로 흘려보내서 인장력과 압축력을 최소화한다. 그런 이유로 1,500년이 넘도록 무너지지 않고 무령왕릉의 내부를 지킬 수 있었다. 송산리 6호분과 무령왕릉은 재료가 벽돌일 뿐만 아니라 구조가 볼트구조란 점에서도 희소성이 있다. 무령왕릉은 삼국시대 백제의 기술자들이 볼트구조를 완벽히 이해한 증거이다.

천정부에서 내려오는 추력을 지탱하기 위해 아치와 볼트의 벽면은 두터운 보축부를 만든다.

도굴로 파괴된 고분의 역사

고분을 파헤치고 고분 안에 들어 있는 귀한 보물을 훔쳐가는 도둑질을 도굴盜掘이라고 한다. 몰래 빼돌려진 유물은 해외로 팔려나가서 다시는 우리 땅을 밟지 못하는 신세가 된다. 2006년 8월 문화재청이 발표한 해외 소재 우리 문화재의 수는 일본, 미국 등 18개국 7만 5,311여 점에 달하며, 국내에서 출토 발굴된 미신고 유물도 1964년부터 현재까지 88만 587건이나 된다.

삼국의 고분도 약탈자의 손으로부터 자유로울 수 없었다. 고구려와 백제의 고분은 대부분 도굴되어 무덤의 주인이 누구인지 밝힐 만한 자료가 거의 남아 있지 않다. 가야 고분 역시 도굴을 피할 수 없었다. 1918년 창녕 교동에서 일제는 9기의 고분들을 2년에 걸쳐 발굴한 뒤 마차 20대와 화차 2량에 유물을 가득 싣고 갔다고 한다. 그때 가져간 유물 중 금동관, 금귀걸이 등 일부만이 도쿄박물관 오쿠라 기증실에 전시되어 있을 뿐 나머지 유물의 행방은 알 수 없다.

도굴의 가장 큰 문제는 도굴꾼들이 유물을 팔아먹는 데 골몰해 문화재의 파괴를 서슴지 않는다는 점이다. 파괴된 유물만이 아니라 빼돌려 팔린 유물도 원래 자리가 어디인지 알 수 없게 됨으로써 귀중한 역사적 정보가 없어지는 결과를 가져오게 되었다.

우리나라의 문화재를 가장 많이 갖고 있는 나라는 일본으로 3만 4,369점이 있다. 특히 일제강점기에는 발굴이란 이름으로 대규모 도굴이 행해졌다. 일제는 고고학적 발굴을 핑계로 합법적인 도굴을 자행했다. 그중 가장 유명한 인물이 가루베 지온輕部慈恩이다.

1932년에는 벽돌무덤으로 사신도가 그려진 송산리6호분을 가루베 지온이라는 공주고보 교사가 총독부와 교섭하고 발굴했다. 그런데 가루베는 출토 유물을 고스란히 챙기고 무덤 바닥을 빗자루로 쓸어 말끔히 치운 다음 총독부에는 이미 도굴된 것으로 보고했다. 그는 이 유물들을 중심으로 『백제 유적의 연구』라는 저서를 펴내고 유물들을 일본인 소장가 오구라에게 팔아넘겨 지금은 도쿄국립박물관에 소장된 것으로 알려졌다.

도굴은 우리나라에만 있는 일은 아니다. 중국이나 이집트 등 세계적으로 유명한 왕릉들도 도굴의 검은 손길을 피할 수 없었다. 중국의 경우 왕조가 바뀌거나 여러 나라로 분열되어 전쟁이 계속되는 시기에 도굴이 많이 자행되었고 최근까지 문화재의 관리가 소홀한 지방에서 계속 자행되고 있다. 이집트의 경우 고대 피라미드의 도굴을 막기 위해 복잡한 미로를 만들었으나 도굴의 피해를 피할 수 없었다. 특히 19세기 이후 영국에 의해 많은 유적이 파괴되고 유물이 약탈된 것은 유명한 일이다.

　해외에 있는 약탈 문화재 대부분이 전쟁을 통해 열강에게 강제로 빼앗긴 것들이지만 국가 간 문화재 반환은 잘 이뤄지지 않는다. 유네스코에서는 약탈당한 것이 확실한 문화재의 본국 반환을 규정하고 있지만 약탈 문화재를 많이 소유한 영국·프랑스 등이 협정에 가입하는 것을 기피하고 있고, 문화재의 약탈 여부를 결정하는 일도 어렵기 때문이다.

가야 고분에 담긴 과학 원리

우리 역사에서 가야가 차지하는 위치는 독특하다. 고구려, 백제, 신라와 동시대에 분명히 존재했음에도 불구하고 삼국시대라는 이름으로 지워진 채 한 시대의 주인공이 아닌 조연배우 취급을 당하고 있다. 그 이유는 가야가 중앙집권국가로 발전하지 못하고 연맹왕국 단계에서 신라에 병합되었기 때문이다. 가야는 고령과 김해 서쪽의 서부 경남 지역에 흩어져 있던 여러 정치세력의 연합체였다. 그들이 구체적으로 어떤 연합체를 이루었는지는 알 수 없다. 다만 5세기 전반까지는 김해의 금관가야를, 5세기 후반부터는 고령의 대가야를 중심으로 연합해 주변 정세에 대처했다고 추정하고 있다. 가야는 삼국시대에 치열한 세력다툼과 그로 인해 벌어지는 수많은 전쟁 속에서 약소국 신세를 면치 못했지만 빼어난 정치감각으로 500여 년 넘게 명맥을 유지했다.

한편 가야는 문화와 예술에서 탁월한 성취를 보여준다. 가야의 정치, 사회, 문화, 경제, 그리고 대외 교류에서 삼국에 비해 결코 뒤지지 않는 가야의 독특한 모습을 확인할 수 있는 것은 고령, 김해, 함안, 창녕, 부산 등 옛 가야 영역의 고분에서 발굴한 유물 덕분이다.

가야 고분 속으로

가야에 대한 옛 기록은 극히 적어서 구체적인 실체를 확인하기 어렵다. 역사 속에서 약자와 패자에 대한 기록은 늘 강자와 승자에 비해 감춰지고 낮추어지는 푸대접을 받기 때문이다. 기록의 역사에서 홀대받는 가야의 모습을 복원할 수 있는 소중한 유적이 가야 고분들이다.

가야 지역은 한국 고대사의 기록에 보이는 6가야의 영역으로 함창 또는 진주고령가야, 성주성산가야, 고령대가야, 함안아라가야, 김해금관가야, 고성소가야 등지이다. 지리적으로 보면 대체로 낙동강을 경계로 그 서쪽의 경상남도 지역과 최근에 조사된 전라도 일부 지역을 포함한다. 또한 낙동강 동쪽이라도 창녕이나 부산 등은 가야의 영역권으로 보고 있다. 그러나 가야 지역이라고 하더라도 동일한 문화적 특징을 갖는 것은 아니다. 대구나 성주처럼 신라와 국경을 마주대고 있던 지역은 가야와 신라의 문화가 함께 나타난다.

가야 고분은 대개 산 능선의 정상이나 경사면 혹은 자그마한 구릉의 정상부에 집단적으로 분포되어 있고 주위에는 하천을 따라 넓은 평야가 펼쳐져 있다. 또한 대형 고분의 주위에는 거의 예외 없이 성곽이 있었던 것으로 보인다. 예를 들어 함안 말산리고분군의 둘레에는 성산산성·봉산산성을 비롯해 크고 작은 많은 산성이 축조되어 있으며, 고령 지산동고분군에도 고분군이 있는 산에 주산성이 있고 그 둘레의 산에는 크고 작은 산성이 많이 축조되어 있다.

김해 대성동고분군은 경상남도 김해시 대성동 434번지 구릉 지역에 위치한 고분으로 가야의 건국신화가 깃든 구지봉, 수로왕릉, 김해패총, 국립김해박물관 등 다양한 유적전시관이 함께 있어 금관가야의 모습을 한눈에 볼 수 있다.

대성동 고분군은 작은 구지봉이란 의미를 지닌 '왜애꼬지'구릉에 만들어진 금관가야 왕과 왕족의 고분 유적이다. 구릉의 정상부에는 왕들의 무덤이 위치하고 구릉의 사면과 그 주변에는 한 단계 낮은 신분의 무덤들이 자리하고 있는 것으로 밝혀졌다.

부산 경성대학교 박물관에서 1990년부터 최근까지 모두 다섯 차례의 발굴을 실시했다. 다섯 차례 627일간 241기의 고분이 조사되었으며 이들 고분에서 금관가야의 사회와 문화상을 알 수 있는 3,000여 점의 다양한 유물이 출토되었다. 조사된 고분의 묘제를 살펴보면 독널무덤옹관묘, 널무덤목관묘, 덧널무덤목곽묘, 구덩식돌덧널무덤수혈식석곽묘 등이 모두 보인다. 이를 통해 1세기부터 5세기까지 가야 고분양식의 변화를 살펴볼 수 있다.

▲▲김해 대성동고분박물관 노출 전시관 (29호 덧널, 30호 덧널)
▲◀김해 대성동고분 29호 덧널, ▲▶30호 덧널 실제 발굴 모습

　그 중 구릉의 능선부에 형성된 대형 덧널무덤들은 매장주체시설의 크기와 함께 출토된 유물의 질과 양으로 보아 3세기에서 5세기 전반에 걸쳐 형성된 금관가야 지배층의 무덤이었음이 밝혀졌다. 그 가운데 딸린덧널이 달린 대형 나무덧널무덤에서 순장의 풍습이 있었던 흔적이 보이고, 철제 무기류와 마구류가 주로 출토되었다. 출토된 유물의 조사를 통해 금관가야의 최전성기가 4세

기경이라는 것을 밝혀낼 수 있었다.

현재 대성동고분군에는 2003년 지은 대성동고분박물관이 있어 출토 유물을 관람할 수 있다. 무덤들은 모두 봉분의 형태로 덮여 있으나, 29호분과 39호분은 발굴 상태 그대로 노출 전시관이 꾸며져 있어 고분의 내부를 관찰할 수 있도록 만들어놓았다. 노출 전시관은 왕묘인 29호 덧널무덤과 이것을 파괴하면서 설치된 39호 덧널무덤을 복원·전시하고 있는데 이들 양 덧널무덤은 100여 년 정도의 시기차가 있어 무덤의 구조와 껴묻거리의 변화 양상을 잘 보여주고 있다.

::부산 복천동고분군

사적 제273호인 부산 복천동고분군은 부산광역시 동래구 복천동의 속칭 대포산의 구릉상에 위치하고 있다. 복천동고분군은 1969년부터 2008년까지 여덟 차례에 걸쳐 발굴되었다. 발굴 조사를 통해 총 191기의 무덤이 조사되었다.

조사된 무덤의 묘제는 독널무덤옹관묘, 나무널무덤목관묘, 나무덧널무덤목곽묘, 구덩식돌덧널무덤수혈식석곽묘, 앞트기식돌방무덤횡구식석실묘 등으로 이를 통해 복천동고분군의 형성 연대가 2세기부터 신라시대인 7세기까지라는 것을 알 수 있다.

부산 복천동고분군 전경

부산 복천동고분군은 경주의 대형 고분군을 제외하면 함안 도항리·말산리고분군, 고령 지산동고분군과 함께 남부 최대의 고분군이며, 출토된 유물의 양도 약 1만 2,000여 점으로 경주 대형 고분군 다음으로 많은 유물이 출토되었다. 4,000여 점가량의 철기류를 포한함 금속기류와 4,500여 점의 장신구류를 통해 그곳이 김해 대성동고분군, 양동리고분군과 함께 금관가야 지배세력의 무덤이라는 것과 가야 초기의 나무덧널무덤에서 신라시대의 앞트기식돌방무덤까지 등장하고 이것이 시대에 따라 뚜렷이 구분되어 고대 경남 지역의 묘제 변화를 전반적으로 엿볼 수 있다.

현재 복천동고분군에는 1996년 개관한 부산시립복천박물관이 함께 위치하고 있으며, 고분군 내에는 딸린덧널이 있는 덧널무덤제54호분과 구덩식돌덧널무덤제53호분이 내부를 발굴한 모습 그대로 야외전시실로 조성되어 고분의 구조를 체험할 수 있게 했다.

::김해 예안리고분군

사적 제261호인 김해 예안리고분군은 경상남도 김해시 대동면 예안리 시례부락 근처의 까치산과 잔구성 구릉 사이에 위치하고 있다. 예안리고분군은 국립중앙박물관과 부산대학교 박물관이 총 다섯 차례 발굴 조사를 실시해 181기의 고분을 조사했고 2,000여 점의 유물을 발굴했다. 4세기부터 6세기에 걸쳐 조성된 고분들은 가야 지역에서 만들어진 모든 형식을 갖추고 있어 가야의 묘제가 덧널무덤에서 돌덧널무덤으로 그리고 다시 돌방무덤으로 변화되었음을 알 수 있다.

예안리고분군의 가장 중요한 특징은 고분에 인골이 남아 있었다는 점이다. 우리나라의 토양은 대체로 산성이 강하기 때문에 유기질은 쉽게 부식되어 인골이 거의 남아 있지 않다. 예안리고분군 도로 건너편에서 패총이 발견되는 등 이 지역이 과거에 해안 지역이었음을 알 수 있는데, 예안리고분군은 유적 상부에 형성된 패총의 영향으로 토양이 중화된 탓에 인골이 썩지 않고 양호한 상태로 잘 남아 있을 수 있었다. 이들 인골 자료는 지금까지 거의 미지의 상태로 남아 있는 고인골의 연구에 더없이 귀중한 자료를 제공했다.

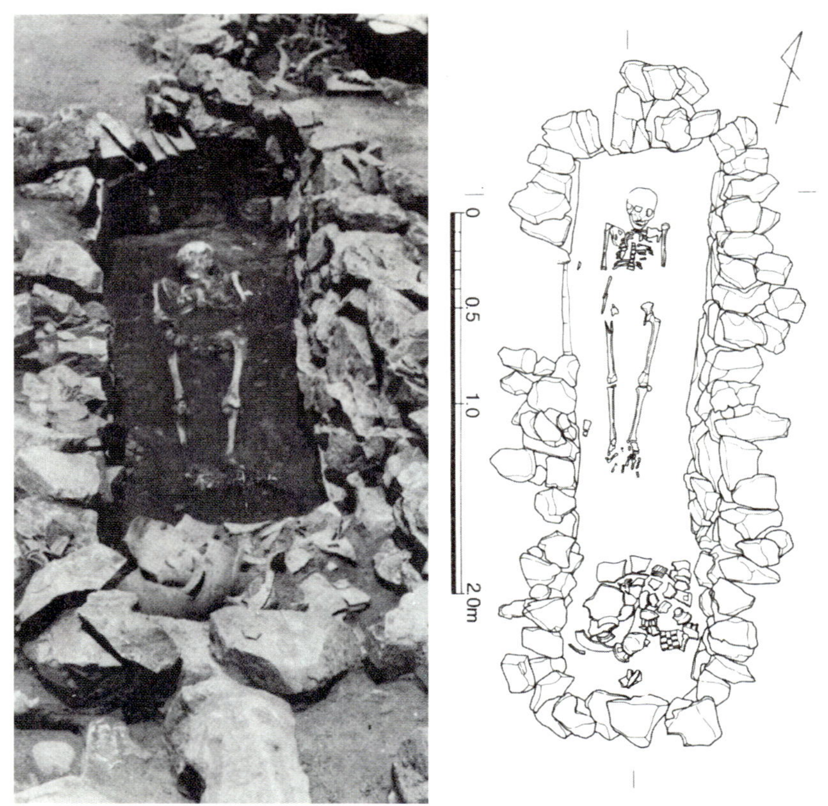

김해 예안리3호분 출토 인골

　　부산대 의대 연구팀의 고인골 연구를 통해 당시 가야인의 형질적인 특성을 규명할 수 있었다. 즉, 가야인 성인의 평균 신장이 162~165㎝ 정도의 장신임이 밝혀졌고, 제85호분의 출토된 어린아이의 두개골에서 『삼국지』「위서 동이전」에 기록되어 내려오던 가야인의 편두 풍습이 사실임을 확인할 수 있었다.

패총과 가야인의 인골

패총에 있던 인골이 보존될 수 있었던 것은 산성과 염기성이 서로 만나서 생기는 중화반응 때문이다. 선사시대 해안가였던 예안리 지역에서는 조개를 잡아먹고 버린 조개껍질이 대규모로 남아 있었다. 이 조개껍질이 일반적인 한반도의 토양인 산성을 중화시킨 것이다.

우리나라 토양의 평균산도pH는 밭이 5.5, 논이 5.6으로, 적정 기준치인 6.5보다 산도가 높다. 우리나라는 여름철에 연중 강수량의 60~70%에 해당하는 비가 집중적으로 내려서 토양이 유실되는 경우가 많다. 또한 과다한 화학비료나 공장과 자동차 등에서 배출되는 산성 대기오염물질 및 폐수 등으로 인해 토양의 산성화가 심화되고 있다.

산성 토양에 조개껍질은 어떻게 작용할까? 조개껍질은 대부분 탄산칼슘$CaCO_3$으로 이루

토양의 산성화가 이루지는 과정

어져 있다. 탄산칼슘이 산성 토양에 존재하는 수소이온H^+을 Ca^{++} 등으로 바꾸어서 수소이온이 줄어들게 된다. 이와 같은 과정을 통해 산성 토양이 중화되는 것이다.

　이와 같은 현상은 간단한 실험으로 확인할 수 있다. 조개껍질에 식초를 떨어뜨리면 중화반응이 일어나면서 이산화탄소 기체가 발생한다. 이를 화학식으로 변환해보면 아래와 같이 나타낼 수 있다.

$$2R-COOH + Na2CO_3 \;\longrightarrow\; 2RCOONa + 2H_2O + CO_2$$

　예안리고분군의 인골이 보존된 까닭은 패총의 조개껍질이 산성 토양을 중화시켜 인골이 산에 의해 부식되는 것을 방지해 준 덕분이다.

사적 제79호인 고령 지산동고분군은 경상북도 고령군 고령읍 지산리의 가야산을 배경으로 주산 남쪽 기슭에 위치하고 있다. 고령읍을 둘러싼 주산에는 대가야시대 산성인 주산성이 있고 주산의 남쪽 능선을 따라 고분군이 조성되었다.

지산동고분군은 1910년 세키노 다다시에 의해 처음 조사되었으며 1976년 사적정화사업 때 외형이 확실하고 비교적 큰 고분에 한해 일련번호를 매겨 현재 72호분까지 정해져 있다. 1977년에는 경북대(제44호분)

경북 고령 지산리 고분군과 주산성

와 계명대(제45호분)가 합동으로 대형분 2기를 조사했고, 1978년에는 계명대가 중형분 4기(제32~35호분)를 발굴 조사했다. 그 후 1993년, 1994년, 1999년, 2002년, 2008년에 제73·74·75호분이 발굴되어 일반에 공개되었다. 고분은 외형상으로 보면 모두 원형 봉토분이며, 봉토의 규모에 따라 대형분직경 20m 이상, 중형분직경 10-20m, 소형분직경 10m 이하으로 구별된다.

조사된 고분들의 주요 묘제는 덧널무덤, 구덩식돌덧널무덤, 굴식돌방무덤 등으로 조성된 시기는 5세기 초부터 6세기 후반까지로 조사되었다.

지산동고분군의 특징은 고분 규모가 다른 가야 무덤에 비해 월등히 크다는 점이다. 또한 그 안에서 여러 개의 딸린덧널을 가지고 있으며 그중에는 순장을 확인할 수 있는 딸린덧널도 상당수 발굴되었다. 한편 지산동고분군에서는 백제계 등잔, 신라의 삼엽문 환두대도, 오키나와 지역의 야광조개국자까지 출토되고 있어 대가야국이 백제·신라와 교류가 빈번했으며 전기 가야시대와 마찬가지로 왜와 원거리교역도 행했음을 알 수 있다.

대가야 박물관 대가야 왕릉 전시관

　　2005년 4월 지산동고분군에 대가야박물관이 개관되었다. 대가야박물관은 우리나라 최초로 확인된 최대 규모의 대가야 순장무덤인 지산리제44호분을 복원·재현한 '대가야왕릉전시관', 대가야를 중심으로 고령 지역의 역사와 문화를 종합적으로 전시한 '대가야역사관', 우륵과 가야금을 재조명한 '우륵박물관'으로 구성되어 있다. 그중 대가야왕릉전시관은 관람객이 실물 크기로 만든 모형 제44호분에 직접 들어가 무덤의 구조와 축조방식, 무덤의 주인공과 순장자들의 매장 모습, 껴묻거리 등을 직접 눈으로 볼 수 있다.

::창녕지역의 가야고분군

창녕 지역의 대표적인 고분군으로는 창녕읍 교동·송현동고분군, 계성면 일대의 계성고분군, 영산면 동리·죽사리고분군 등이 있다. 특히 커다란 봉토를 가진 대형고분이 많은 계성과 교동·송현동고분군의 주인공들이 이곳의 중심세력이었을 것으로 추정된다.

가야의 순장 : 죽어서도 자유롭지 못한 사람들

순장이란 왕이나 권력자가 죽었을 때 그를 위해 살아 있는 사람이나 동물을 죽여 함께 묻는 장례행위를 말한다. 순장은 고대사회에서 중국을 비롯한 세계 여러 곳에서 보이는 장례행위로 왕의 사후세계에서 생활하는 데 필요한 것은 기물이든 사람이든 모두 무덤에 넣었음을 보여준다.

지산동제44호분은 중앙에 3기의 대형 돌방이 축조되어 있는데 가장 큰 돌방은 무덤 주인공이 묻힌 으뜸돌방(주석실主石室)이고 다른 2기는 주인공의 내세생활을 위해 만든 창고와 같은 딸린돌방(부석실副石室)으로 추정된다. 으뜸돌방에는 주인공 외에 순장자가 있었고 딸린돌방에서도 각 1인의 순장자가 확인되었다. 돌방 주변에 배치된 32기의 순장돌덧널에서는 24명가량의 인골이 확인되었으며 소멸된 인골을 포함하면 약 40명 이상이 순장되었을 것으로 추정하고 있다.

이러한 대규모의 순장 사례는 다른 삼국시대 고분에서는 아직 발견된 적이 없다. 32기의 순장돌덧널에 부장된 유물이나 인골에서는 몇 가지 특징이 발견된다. 세 사람이 포개져 있는가 하면, 동남동녀童男童女의 인골이 머리를 마주 대고 눕혀졌던 방도 있었다. 철제 갑옷과 무기만 부장된 돌방에는 왕의 호위무사가 순장되었을 것이고, 닭뼈·생선뼈·바다고둥 같은 음식물이 주로 있는 방에는 왕의 식사를 책임지는 사람들이 순장되었을 것으로 추정하고 있다. 옷감 같은 많은 섬유질이 확인되는 방에는 왕에게 의복을 제공하던 사람

지산동제44호분에서 확인되는 대규모 딸린덧널
딸린덧널 안에는 순장으로 보이는 사람의 유골이 들어 있다.

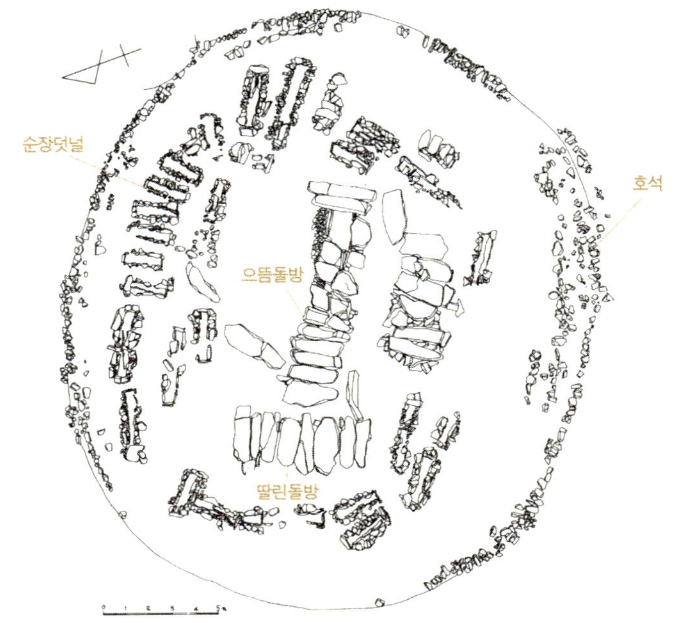

지산동44호분 배치도 (대가야 박물관)

들이 순장되었을 것이다. 이런 특징은 사후에도 왕의 생활을 계속하겠다는 내세관과 왕의 죽음 이후를 위해 100여 명이 넘는 사람을 강제로 순장시켰던 대가야 왕권의 무자비한 통제력과 더불어 국가 발전단계가 고구려, 백제, 신라에 비해 후진적이었음을 보여준다.

사람을 순장시키고 거대한 고분을 만들어 왕의 권력을 과시하고 왕권의 유지를 보장받으려는 사회는 고대국가의 체계가 아직 확립되지 못한 단계라고 할 수 있다. 고대국가는 율령의 제정, 전문적인 관료집단과 정부조직 등이 마련되면서 사회가 법질서에 의해 통치되고 왕권이 순조롭게 계승될 수 있는 국가단계이다. 삼국 중 국가발전단계가 가장 늦은 신라에서도 지증왕 3년(502)이 되면 순장을 법으로 금했다. 물론 신라 사회의 순장이 그때 완전히 사라졌다고 할 수 없지만 법으로 금해도 될 만큼 신라 왕권은 거대한 고분이나 순장을 통해 통치자의 위엄을 강조하지 않아도 되는 단계에 접었다는 것을 입증하는 것이다.

한편 순장덧널에서 나타난 다양한 직능의 전문집단의 존재는 5세기 후반경 대가야의 생활상을 파악하는 데 큰 도움이 되고 있다.

가야 고분의 형태와 구조

가야 고분은 원삼국시대부터 삼국시대에 이르기까지 긴 세월 동안 만들어졌다. 따라서 한반도의 시대 변화에 따라 그리고 지역에 따라 서로 다른 특징을 가지고 발전해왔다. 가야의 무덤 형식으로는 움무덤토광묘, 덧널무덤목곽묘, 독널무덤옹관묘, 돌덧널무덤석곽묘, 돌방무덤석실묘 등이 있다. 그중 독널무덤은 낙동강 하류의 양안 지역에 분포하는데 1m 이하인 것은 돌덧널무덤에 붙어있는 배장적인 성격을 지니고 있으며, 1m 이상의 것은 독립적인 무덤이다.

특히 4세기 전반부터 무덤의 규모가 거대하고 유물을 다량으로 껴묻은 대형 고총고분이 등장하기 시작해 5세기 무렵에 절정에 이른다. 이렇게 대규모 고총고분의 봉토를 쌓아올리는 데 다양한 토목축조기술이 동원되었다.

가야 지역에서 분포지와 발굴되는 고분의 수량으로 생각할 때 가장 대표적인 무덤은 돌덧널무덤으로 보인다. 돌덧널무덤은 나무널이나 돌널을 담는 바깥쪽 관이라는 뜻으로, 일반적으로는 널의 있고 없음과 상관없이 매장주체시설의 4벽을 할석으로 쌓고 두꺼운 판석을 여러 개 잇대어 뚜껑돌로 사용한 무덤을 말한다. 무덤벽을 할석과 판석을 함께 쌓은 것도 있는데 이것도 돌덧널무덤이라고 부른다. 돌덧널무덤 중에서도 매장주체시설을 만들고 그 위에서

가야의 구덩식돌덧널무덤 (◀ 부산 복천동 53호분, ▶ 부산 두구동 임석 5호분)

김해 대성동 23호 목곽묘

김해 대성동 목곽묘 재현 (대가야박물관)

죽은 이를 매장하고 뚜껑을 덮는 구덩식돌덧널무덤과 4벽 중 1곳을 헐어서 밖으로 나가는 입구를 만들고 무덤방 쪽으로 시신을 넣고 입구를 막는 앞트기식돌덧널무덤이 있다.

돌방무덤은 일반적으로 널길이 있는 굴식돌방무덤을 가리키는 말이지만, 구덩식의 경우에도 내부 공간매장부이 사람이 서서 다닐 정도로 거대한 것은 돌방무덤이라고 부르는 연구자도 많다. 돌방무덤은 내부 구조에 따라 구덩식, 앞트기식, 굴식의 세 가지 유형으로 구분한다.

한편 이 세 가지 돌방무덤은 거대한 원형 봉분을 갖는 중형·대형의 고분군이 되는데. 특히 구덩식돌방무덤은 구덩식돌덧널무덤이 확대·발전된 유형이라고 생각된다. 이러한 대형의 구덩식돌방무덤에는 돌방 외에 시신을 매장한 딸린돌덧널이 한 봉분 안에 1기 이상 존재하는 경우가 많다. 특히 고령 지산동 44호분은 32기나 되는 딸린돌덧널이 나와 큰 관심을 끌었다. 이들 딸린돌덧널은 순장으로 인한 무덤으로 생각하고 있다. 순장의 흔적이 발견되는 거대한 고분은 고령 지산동, 성주 성산동 등에서 많은 예를 볼 수 있다.

굴식돌방무덤은 부부 합장을 위한 가족묘이며, 가야 지역의 전통적인 무덤 양식이 아니라 외부에서 받아들인 묘제로 백제의 영향으로 일시 유행한 것으로 보인다. 이 굴식돌방무덤은 대체로 평면, 방형 내지 장방형의 현실을 부정형의 할석으로 쌓아올리고 두 장벽을 안쪽으로 기울어지게 쌓아 터널형 내지 돔형으로 천장을 만들고 그 위에 천장석을 올려놓은 것이다. 무덤방으로 들어가는 널길은 돌방 중앙에 있는 것, 한 쪽 벽대개는 동쪽 벽에 치우쳐 있는 것 등이 있다. 이러한 굴식돌방무덤은 고령, 달성, 양산, 김해 등지에 분포하고 있다.

그 가운데 고령 고아동 굴식돌방무덤은 현실 천장과 널길의 천장에 연화문이 그려진 벽화분으로 유명하다. 이 연화문은 부여 능산리고분 천장의 연화문과 유사성을 보여 백제 문화의 영향을 받은 것으로 추정하기도 한다.

가야의 봉토축조기술과 과학원리

가야지역의 왕릉급 고분은 거대한 봉토를 쌓아올린 봉분을 가지고 있다. 산

능선을 따라 축조된 거대한 봉분을 가진 고분은 가야의 지배층의 권위를 높여 주는 역할을 했을 것이다. 고분 중에서 가장 부피가 큰 봉분을 무너지지 않게 쌓는 일은 일정한 규칙성과 기술 없이는 불가능한 일이었다.

특별한 천재가 갑자기 나타나 많은 자본과 시간과 인력을 들여 엄청난 유적을 한 개 만들었다고 한 국가 또는 한 시대의 기술력이 높다고 평가받는 것은 아니다. 사회가 필요로 하는 것을 되도록 적은 자본과 시간, 인력을 들여 만들어 낼 때, 그리고 그러한 작업을 다른 곳, 다른 시간에 할 때에도 똑같은 결과를 얻을 수 있을 때 기술력이 높다고 평가받는다. 가야인들은 고분을 만들 때 일정한 공정을 계획하고 실제 공사에 이를 수행할 기술을 적용했기에 기술력이 높다고 평가를 받는 것이다.

::가야고분의 봉토축조에 사용된 구획성토

가야의 고분 축조기술 중 가장 먼저 눈에 띄는 것이 봉토를 쌓을 때 사용된 구획성토이다. 구획성토는 봉토를 쌓는 작업을 효율적으로 수행하기 위해서 작업구획을 나누어 봉토를 쌓는 방법이다. 대규모의 토목공사를 할 때에는 일정한 과정에 따라 작업을 나누어 진행하면 작업의 효율성이 높아진다. 봉토를 축조할 때 나눈 작업 구획의 간격과 수는 봉토의 규모에 따라 조정되었다. 성주 성산동 58호분의 경우 구획을 나누는 석열이 방사상으로 10개가 있다.(간격으로 보아 12개가 있었을 것으로 보인다.) 또한 석열의 중심

성주 성산동 58호분
방사상으로 구획된 석열이 보인다.

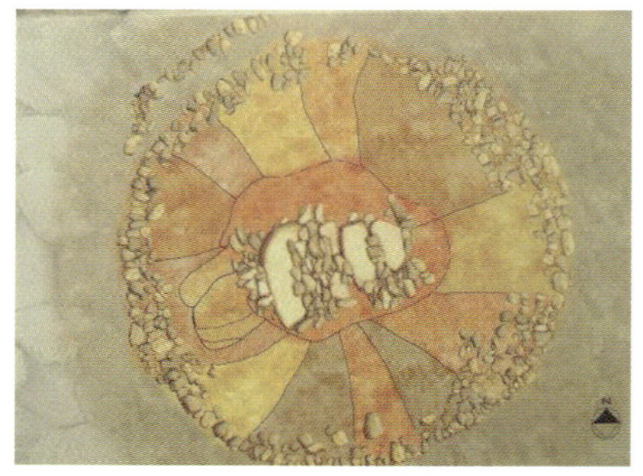

창녕 계성고분 1호분의 구획성토 (창녕계성고분이전 복원관)
성질이 다른 흙을 사용하여 구획을 나누고 있다.

이 되는 매장주체시설의 덮개돌 위에는 할석을 둥글게 쌓았다.

구획을 나눌 때 돌을 사용하지 않고 서로 다른 색의 흙을 쌓아 표시한 경우도 있다. 창녕군의 교동 1호분은 석실의 중앙을 중심으로 하여 방사선상으로 12방향으로 나누어 성질의 차이가 있는 흙을 사용했음을 알 수 있다. 이는 봉토를 쌓는 작업을 할 때 작업구역에 따라 성질과 색이 다른 흙을 사용했음을 보여주는 것이다.

::다양한 흙을 사용한 봉토의 축조

가야 사람들은 고분 축조의 공정마다 그에 맞는 흙을 사용했다. 이것은 가야 사람들이 흙의 특성을 잘 알고 있었으며, 이를 적용시킬 수 있는 기술이 있었음을 보여준다.

구덩이를 파고 돌을 쌓아 덧널 또는 돌방을 만들 때 돌과 돌을 밀착시키고 안정시키는 데 점성이 높은 진흙을 사용하였다. 진흙은 벽체를 만들 때 돌과 돌 사이에 사용하는 경우도 있고 벽체를 만든 후 그 위에 진흙을 깔아 벽체와 덮개돌을 밀착시키는 데 사용하기도 하였다.

구덩식무덤의 경우 매장주체시설의 덮개돌을 덮은 후 봉토를 쌓기 전에 진흙을 사용하여 매장주체시설와 외부세계를 완전히 차단하고자 하였다. 이때 사용된 진흙은 매장주체시설로 물이 들어와서 유물이 훼손되고, 심지어 무너지는 일을 막기 위하여 사용한 것이다. 또한 봉토를 쌓은 후 마지막으로 봉분의 표면을 진흙으로 덮음으로써 봉분의 내부에 빗물이 스며들지 못하도록 하여 봉분이 무너지는 것을 막았다.

천오백 년간 잠들었던 가야인을 되살리다

창녕 송현동고분군_{사적 제81호}은 교동고분군, 계성고분군, 영산고분군 등과 함께 창녕 지역의 대표적인 고분유적이다. 일제강점기에 발굴이 진행되나 2000년대 들어서 복원정비사업을 하면서 본격적인 발굴 조사가 시작되었다. 2006년부터 실시된 발굴 조사에서 내부 조사가 진행된 제15호분에서 4구의 순장인

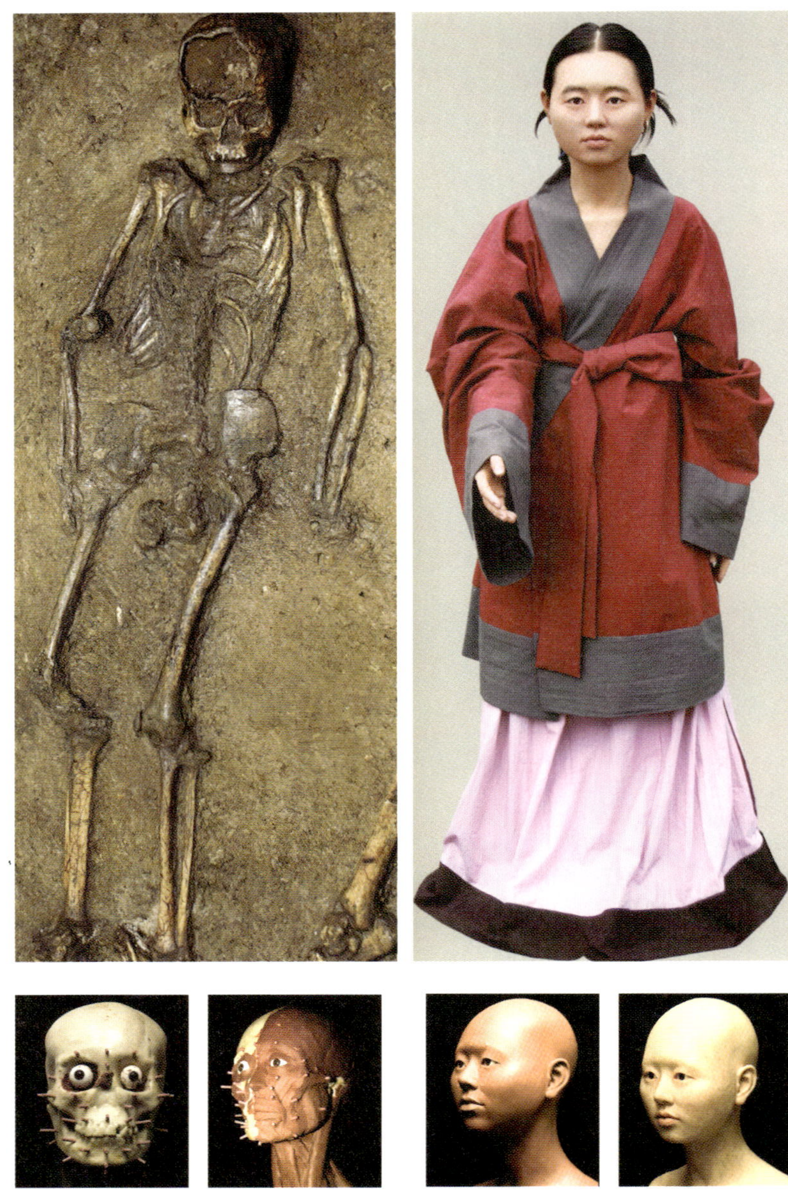

발굴 당시의 사진과 복원과정

골이 확인되었다. 그중 1구의 인골 왼쪽 귀부분에서 금동귀고리가 함께 출토되었다.

출토 유물과 고분의 구조 및 규모 등을 고려해볼 때 창녕 송현동고분군은 6세기 초를 전후한 시점에 축조되었던 것으로 추정된다. 아마도 그 지역을 중심으로 성장했던 지역 지배층의 무덤이었을 것으로 생각되며 신라와 관련된 유물이 출토되는 점을 고려할 때 신라와의 상호관계도 있었을 것으로 추정된다.

우리나라에서 발굴된 선사 및 고대의 인골에 관한 연구는 한반도에 살았던 우리 즈상의 모습을 추측함으로써 현재를 살아가는 우리의 근원에 대해 생각해볼 수 있는 기회를 제공한다. "우리는 누구이며 어디에서 왔는가"라는 질문에 대한 대답으로서 고고학적인 연구를 넘어서서 당시의 다양한 삶의 모습을 복원하는 연구가 필요하다. 이러한 복원을 위해서 고고학뿐만 아니라 물리학·유전학·생화학·법의학 등 인간의 신체적·생물학적 특성을 종합적으로 연구하는 과학기술 분야와 함께 순장의 역사적인 의미를 짚어봄으로써 고대의 문화적 특성을 연구할 수 있는 융복합 연구가 진행되어야 한다.

이런 으미에서 송현동 제15호분에서 출토된 순장 인골의 복원 연구는 우리나라에서 최초로 실시된 고고학과 인접 과학의 융복합 연구로서 옛 사람의 모습을 과학적인 방법을 통해 재구성하고 눈으로 보고 만질 수 있는 실체로서 만들어낸 사례이다.

2008년부터 2009년까지 1년간 국립가야문화재연구소가 중심이 되어 진행한 이 연구에 국립문화재연구소 보존과학연구실, 가톨릭의과대학 가톨릭응용해부연구소, 충청문화재연구원 한국고고과학연구소 등이 참여했으며 컴퓨터 단층촬영, 3차원 정밀 스캔, 3차원 모델링 등 첨단과학기술은 물론 할리우드 영화의 최신 특수 분장기법까지 동원되어 1,500년 전 순장된 인골의 복원 연구가 진행도었다.

연구 결과 6세기 전후 사망한 4명의 순장자는 무덤 입구부터 여성, 남성, 여성, 남성의 순서로 묻혔으며, 중독 또는 질식사시켜 바로 순장한 것으로 판명되었다. 순장자는 주로 쌀·보리·콩과 육류 등을 섭취했으며 비교적 양호한 영양상태였다.

　그중 가장 상태가 양호한 무덤 입구 쪽에 매장된 순장 여성은 왼쪽 귀에만 귀고리를 하고 있었으며, 뒤통수 뼈에서 다공성뼈과다증이 확인되어 빈혈이 있었음을 알 수 있었다. 또한 정강이뼈와 좌우 종아리뼈에서는 생전에 일시적인 종아리의 반복적이고 급격한 운동을 추정해볼 수 있는 반응뼈도 확인되었다. 치아의 X-레이 검사와 뼈대의 분석으로 이 여성의 나이는 16세로 추정되었다.

　이 여성의 인체 복원은 법의학과 해부학적 연구성과를 토대로 복제 뼈 제작, 복제 뼈 조립, 근육 복원, 피부층 형성, 실리콘 전신상 제작의 순서로 진행했다. 그 결과 이 여성의 키는 153.5cm로 현대의 만 16세 여성에 비해 작은 편에 속하는 체구였고, 목이 길고 팔 길이가 짧으며 넓고 편평한 얼굴을 하고 있었다. 이와 같은 연구를 통해 2009년 11월 국립고궁박물관과 창녕박물관에서 전시하게 되었으며 이 여성의 이름은 출토된 유적의 이름을 따서 '송현松峴'이라고 부르게 되었다.

제4장

고분시대가
저물다

거대한 고분이 사라지다

4세기부터 6세기까지 삼국과 가야에서 경쟁적으로 만들던 거대 고분은 이후 규모가 점점 줄어드는 모습을 보인다. 백제는 사비시대에 접어들면서 고분의 규모가 줄어들고 고분 안에 껴묻거리도 대폭 줄어든다. 고구려 역시 평양 천도 이후 굴식돌방무덤이 계속 축조되지만 국내성의 거대한 돌무지무덤과 같은 규모의 무덤을 더 이상 만들지 않게 되었다. 신라 역시 통일기에 접어들면서 대량의 껴묻거리를 넣은 거대한 돌무지덧널무덤은 더 이상 축조되지 않는다. 권력의 정점에 서 있는 지배자의 권위를 대내외에 자랑하던 거대한 고분이 점점 작아지는 이유는 무엇일까?

가장 중요한 이유는 더 이상 고분을 통해서 왕권의 강력함을 과시하지 않아도 될 만큼 사회가 발전했기 때문이다. 거대한 고분의 축조는 왕권을 대내외에 과시하려는 정치적 목적에 의해 이루어졌다. 선대왕의 무덤을 거대하고 화려하게 만듦으로써 왕의 권력을 계승한 정당한 계승자로서 자신의 권력을 과시하려는 목적이 고분의 축조에 반영되었다. 죽은 선대왕이 내세에서 신령스러운 힘으로 현실의 왕을 보호하고 국가를 지킨다는 믿음에 기대어 자신의 왕권을 정당화하려고 한 것이다.

국가의 건국 초기에는 왕권의 강력함을 왕의 신성성에서 찾는 경우가 많았다. 삼국의 건국신화에 보이는 신기하고 기이한 일들은 왕의 권위가 하늘로부터 왔다는 신성성을 강조하는 것이다. 이후 왕권이 발전하는 단계에 접어들면서 대내외적인 체제 정비과정이 실행되고 그 과정에서 왕권을 과시하기 위한 정치적인 목적으로 거대한 고분들이 조성되었다. 고분이 지배자의 권력을 과시하는 수단이 되었기 때문에 막대한 비용과 시간이 고분을 만드는데 사용되었다. 따라서 귀중한 자원, 심지어는 사람까지 고분에 넣을 수 있었던 것이다.

그러나 율령의 반포, 체계화된 관료조직과 행정부서, 강력한 왕권을 뒷받침하는 군사기구, 왕의 정통성을 기록으로 보여주는 역사서의 편찬 등을 통해 세련된 형태의 지배체제가 마련되면서 거대한 정치적 기념물로서의 고분은 점점 의미를 잃어갔다. 거대한 고분과 그 안에 들어가는 수많은 껴묻거리는 경제적으로는 막대한 손실이다. 이러한 경제적 손실을 감당하면서 고분을 조성하는 대신 고분에 사용될 자원을 실제 국가 운영과 경제생활을 위해 사용하는 시대가 된 것이다.

또한 삼국은 고대국가의 체제정비과정에서 외래 종교인 불교를 받아들여 적극 활용했다. 삼국은 연맹왕국단계에서 각 공동체에서 믿어왔던 다양한 신앙형태를 각 지역 공동체마다 가지고 있었다. 이러한 신앙체계는 왕권을 중심으로 한 하나의 백성이라는 생각을 갖는 데 장애가 되었을 것이다. 국왕 중심의 강력한 고대국가 건설을 위해서는 한마음으로 자신을 따라줄 체계적인 신앙이 필요했다. 이러한 정치적 필요에 의해 삼국은 불교를 적극적으로 받아들였다.

불교의 수용은 사람의 죽음에 관한 생각을 바꾸었다. 윤회사상에 입각한 불교적 생사관은 무덤을 죽은 자의 안식처로 여기는 인식에 영향을 끼쳤다. 살아서의 행위가 죽어 다음 세상에서의 존재를 좌우하는 믿음이 확산되면서 화려한 무덤의 중요성이 줄어들게 되었다. 특히 불교식 화장 풍습이 장례풍속으로 점차 일반화되면서 더 이상 시신을 안치할 대규모 공간이 필요 없게 되었고 그에 따라 고분 규모가 점차 축소되었다. 그리고 고분 축조에 쏟는 기술과 자원이 사찰 건립과 그 안에 조성되는 탑과 불상 건축에 사용되면서 거대 고분의 조영은 더 이상 이루어지지 않게 되었다. 대신 고분 축조와 고분 안에 들어갈 껴묻거리를 만들던 기술을 사찰 건축과 사찰 내부의 다양한 구조물과 의식용 도구를 제작하는 데 사용하게 되었다.

이렇게 거대한 고분이 만들어지는 시대가 지났지만 고분 축조에 사용된 다양한 과학기술은 이후 더욱 발전된 형태로 나타났다. 삼국은 고분 축조에 사용되었던 토목기술을 실제 생활에 적극적으로 활용했다. 크게는 외적의 침입을 막아내기 위한 성곽 축조에서 농업에 필요한 수리시설을 만드는 제방 건설까지 다양한 토목공사에 고분 축조기술이 응용되었다. 또한 죽은 자를 위해 만들던 껴묻거리들은 이제 실생활에서 사용가능한 실용품과 장식품으로 만들어져 다양하게 사용되었다. 이제 과학은 죽은 자의 품에서 벗어나 살아 있는 더 많은 사람들의 삶을 풍요롭고 윤택하게 하는 데 사용되었다.

삼국시대 무덤은 각각의 고유한 형태와 제작기술을 지니고 있으면서도 과학기술 원리면에서는 많은 공통점을 지니고 있다. 거대한 봉토를 축조하기 위해서 사용된 토목공학적인 기술부터 석벽과 석실 축조에 사용된 구조역학까지 신라와 가야 그리고 백제의 거대한 봉토를 자랑하는 고분은 다양한 토목기술이 만들어낸 기술의 집결체이다. 과학적인 원리를 기초로 한 토목건축기술이 총동원된 삼국시대의 무덤 축조기술은 우리 겨레과학의 총아라고 할 수 있으며 거기에 들어 있는 과학기술 원리는 현대의 구조역학을 응용한 토목건축에도 그대로 계승되고 있다.

고분 축조기술의 현대적 전승 : 흙부대 건축

고분이 삼국시대의 가장 선진적인 과학기술이 적용된 토목구조물이자 건축물이라는 것을 이제 이해했으리라고 생각한다. 그렇다면 삼국시대의 기술이 현대에도 적용될 수 있을까? 현대의 건축물은 다양한 건축재료의 사용과 최첨단 건축·토목기술의 적용으로 나날이 진보하고 있기 때문에 과거의 기술은 무덤 속에서나 찾아볼 수 있을 것이라고 생각하겠지만 실제로 적용되는 경우가 있다. 그것을 새로운 건축문화의 대안으로 여기는 사람도 있다. 고분에 적용되었던 흙쌓기공법이 친환경적인 생태건축으로 다시 되살아나고 있는 것이다. 가장 대표적인 흙부대Earthbag 건축에 대해 알아보자.

::흙부대 건축의 기원

흙부대 건축은 1984년 미항공우주국NASA에서 달에 기지를 짓는 방법을 찾다가 개발한 건축방법이다. 우주선에 조종사 2명과 간단한 장비만 쏘아 올리기도 쉽지 않은데 달에 시멘트·모래·철근처럼 무거운 건축자재나 건축장비를 싣고 갈 수 없는 노릇이다. 이때 이란 건축가 네이더 카흐릴리가 달에 있는 흙과 암석을 부대자루에 담아 쌓는 건축방식을 제안했다. 그때부터 네이더가 중심

흙부대건축으로 지은 집 (칼어스센터)

이 되어 칼어스센터를 세우고 여러 채의 실험적인 흙부대 건축물을 세웠다.

흙부대 건축은 전 세계 재해지역에서 구호시설과 임시주거시설을 신속하고 경제적으로 지을 수 있어서 생태적 대안 건축기술로 주목받고 있다. 특히 흙부대 건축은 전문적인 건축기술을 필요로 하지 않는데다가 작은 면적의 단층 건물을 짓는데 편리하기 때문에 세계 곳곳에서 흙부대집이 들어서고 있고 기술도 날로 발전하고 있다.

우리나라에도 흙부대를 이용한 집짓기가 활발하게 진행 중이다. 흙부대 건축을 우리나라에 가장 먼저 소개한 김성원 씨 부부가 지은 전라남도 장흥의 흙부대집을 포함해 이미 완공되었거나 건축 중인 흙부대집이 수백 곳이나 된다.

::흙부대 건축 공정에서 엿보는 고분 축조기술

우리는 집을 지을 때 전문 건축기술자들이 공장에서 만든 최신 건축재료로 지어야 한다고 생각한다. 그런데 흙부대집 건축은 주변에서 쉽게 구할 수 있는 쌀자루, 마대자루, 스타킹처럼 긴 망사튜브, 양파망 같은 자루에 흙이나 자갈·마사·모래 등을 담아 다지면서 벽체를 쌓고 흙이나 석회를 발라 집을 짓는 방식이다. 자루에 흙을 넣어 벽체를 만들기 때문에 벽체를 쌓는 데 특별한 기술이 필요 없는 간단한 방식이다. 또한 흙부대집은 나무기둥이나 철골조가 필요 없는 무골조방식의 건축물이다.

전문 설계자의 설계도를 바탕으로 건축 기술자들이 짓는 집이 아니라 집에 살 사람이 직접 설계하고 자신과 친구들 그리고 마을사람이 함께 짓는 집이 흙부대집이다. 하지만 간단한 건축이라도 그 안에 들어 있는 과학적인 원리까지 간단한 것은 아니다. 삼국시대 고분이 천 년이 넘도록 유지되는 것처럼 흙부대 건축에도 고분에 적용된 원리가 그대로 들어 있다.

::흙의 물성을 이용한 집터 다지기

건축물이 무너지지 않으려면 기초를 닦아야 한다. 현대 건축에서는 콘크리트를 정해진 건축 공간에 부어서 기초를 만드는 것이 일반적이다. 그러나 흙부대 건축에서는 흙과 석회를 섞은 흙부대를 2단 또는 3단으로 쌓은 후 이를 다져서 집의 기초를 만든다. 흙과 석회가 섞이면서 단단히 굳어져 건축물의 하중을 지탱함으로써 집이 기울거나 무너지지 않는다.

집터를 닦을 때 바닥을 단단하게 하기위해 일반 흙과 석회를 넣은 흙부대를 사용한다.

흙부대에 담긴 흙입자 사이의 간극을 줄여 토질의 압밀현상을 만드는 작업이 흙부대를 쌓으면서 계속된다. 그때 사용하는 도구가 공이이다. 공이는 삼국시대 흙다짐에 사용했던 나무달고와 거의 유사하다.

흙부대를 공이로 단단하게 다진다.

아치를 문틀로 사용함으로써 하중에 취약한 문틀에 가해지는 압력을 막아낸다. 아치를 만들 때 사용하는 흙부대는 무령왕릉 입구에 사용한 벽돌처럼 쐐기모양의 다진 흙부대를 사용한다. 아치를 만들 때에는 나무로 틀을 만들어 아치가 완성될 때까지 흙부대를 지탱하는 역할을 한다. 아치가 완성된 후 나무틀을 제거하면 아치에 작용하는 힘의 원리로 인해 튼튼한 문과 창호가 완성된다.

출입구와 창문을 아치 형태로 만든다.

천장을 돔 형식으로 만들어 지붕에 가해지는 하중을 지탱하는 것은 마치 백제 고분의 천장에 사용한 궁륭상 천장과 유사하다. 이런 형태의 지붕은 넓은 지붕을 지탱해야 하는 위험도 없을 뿐더러 건물 내부에서 둥근 천장이 주는 개방감을 얻을 수 있다.

천장을 돔 형태로 만들어 지붕의 하중을 줄이고, 내부의 공간을 넓힌다.

::::: 벽체에 땟장 입히기

벽과 천장의 외벽을 잔디 심은 흙을 이용해 마감한다. 이때 잔디는 벽체를 잡아주는 역할을 할 뿐만 아니라 비가 오면 빗물을 배수하는 역할도 하게 된다. 이러한 공법은 흙을 쌓을 때 불에 태운 땟장을 거꾸로 깔아서 이용한 삼국시대 사람들의 모습을 떠올리게 한다.

지붕과 벽체에 땟장을 입힌다.

건축의 오래된 미래, 생태건축

흙부대 건축은 전문적인 건축가와 시공업체에 의해 지어진 집이 아니라 스스로 자기 집을 짓고자 하는 사람들이 만든 집이 대부분이라는 특징을 지니고 있다. 현대인은 평당 수백만 원의 비싼 건축비를 들여 집을 짓지만 정작 그 집에 사는 사람의 인격이나 소망이 담기지 않은 창백한 집에 살면서 집값에 따라 울고 웃으며 살아간다. 내가 직접 지은 흙부대집에는 나와 내 가족이 어떻게 행복하게 살 수 있을까와 같은 집 주인의 소망과 생활이 담겨 있다.

흙부대 건축의 장점은 외부에서 사들여오는 값비싼 산업자재의 사용을 최소화하고 지역에서 구할 수 있는 흙·나무·돌 등을 이용해 짓는 생태적인 대안주택이라는 점이다. 또한 벽체의 두께가 45cm 이상으로 두껍기 때문에 축열효과와 방음효과가 높다. 무엇보다도 커다란 장점은 집을 짓는 과정에서 마을사람과 내가 함께 참여하는 공동체적인 협력이 일어난다는 점이다.

현대에 들어와서 집이 갖는 의미가 마을을 이루며 사람들이 함

흙부대로 지은 전남 장흥의 집

께 '사는' 곳에서 돈을 주고 '사는' 곳으로 변해버렸다. 그래서 평당 얼마짜리 집에서 사는가가 집과 집에서 사는 사람의 가치를 말해주는 것처럼 되어버렸다. 전통적인 흙쌓기를 이용한 흙부대집 등 환경과 공동체를 생각하는 집짓기가 점점 퍼져나간다면 낯모르는 이웃과 등을 지고 회색의 콘크리트 덩어리에 사는 도시의 삶을 반성하고 서로 돕고 사는 공동체적인 삶의 회복으로 이어질 수 있다는 희망을 찾을 수 있을까.

단행본

경기문화재단, 2007,『화성성역의궤 건축용어집』.

권오영, 2005,『고대 동아시아 문명교류의 빛 무령왕릉』, 돌베개.

권오영 외5인, 2009,『횡혈식석실분의 수용과 고구려 사회의 변화』, 동북아역사재단.

김성원, 2009,『이웃과 함께 짓는 흙부대집』, 들녘.

김종성·김철환·이은택, 2005,『건축, 구조 디자인과 모형』, 구미서관.

꿈꾸는 과학, 2007,『전통문화 속에 살아 숨 쉬는 과학, 뒷간에서 주웠어, 뭘?』, 열린과학.

노중국, 2010,「한국고대의 수리시설과 농경에 대한 몇 가지 검토」, 한국고고환경연구소
　　　편,『한국고대의 수전농업과 수리시설』, 서경문화사.

동북아역사재단, 2005,『고구려 고분의 어제와 오늘』2, 동북아역사재단.

배기동 외, 2009,『천 번의 붓질 한 번의 입맞춤: 고고학 발굴이야기』, 진인진.

베르나르 베르베르, 2009,『상대적이며 절대적인 지식의 백과사전』, 이세욱 옮김, 열린책들.

신경철, 2007,『가야와 그 전환기의 고분문화: 가야와 그 전환기의 고분 문화』, 국립창원
　　　문화재연구소.

윤장섭, 2008,『한국의 건축』, 서울대학교 출판부.

이영훈·신광섭, 2005,『고분미술』Ⅰ·Ⅱ, 솔.

이재인, 2007,『건축 속 재미있는 과학이야기』, 시공아트.

이희준, 2007,『신라고고학연구』, 사회평론.

長起仁, 2010,『石築』韓國建築大系 Ⅶ, 普成閣.

쯔데 히로시, 2011,『왕릉의 고고학』, 고분문화연구회 옮김, 진인진.

한국생활사박물관편찬위원회, 2001,『한국생활사 박물관』3·4, 사계절.

함인선, 2000,『구조의 구조』, 발언.

발굴보고서 및 논문

강현숙, 2000,「고구려고분연구」, 서울대학교 박사학위논문.

啓明大學校 行素博物館, 2006,『星州 星山東古墳群』.

국립가야문화재연구소, 2009,『1500해앞 16살 여성의 삶과 죽음 - 창녕 송현동 15호분 순장인골의 복원연구-』.

국립공주박물관, 2001,『백제사마왕(무령왕릉 발굴, 그 후 30년의 발자취)』.

국립김해박물관, 2000,『고고학이 찾은 선사와 가야』.

국립나주문화재연구소, 2006,『나주 복암리 3호분』.

국립문화재연구소, 2002,『風納土城II-동벽 발굴조사 보고서』.

국립부여문화재연구소, 1998,『능산리』.

국립중앙박물관, 2005,『국립중앙박물관 개관도록』.

권석호 외, 2010,「울산 혁신도시 개발사업 2구역 1차 C2-B구간 유적 내 울산 약사동 제방」, 한국고고학회,『移住의 고고학』.

권순강, 2010,「함안 가야리 제방유적」,『古代 동북아시아의 水利와 祭祀-鳥城里에서 藥泗洞까지』, 대한문화유산연구센터·우리문화재연구원.

권오영, 2010,「일본 나라분지 남부의 최신 발굴조사 성과」,『백제학보』3, 백제학회.

金漢相·洪性雨·丁太振·姜東沅, 2007,『金海 鳳凰洞 遺蹟-金海 韓屋生活體驗館 造成敷地 內 遺蹟 發掘調査 報告書』, 慶南考古學硏究所.

김두철, 2009,「積石木槨墓의 구조에 대한 비판적 검토」,『古文化』73, 한국대학박물관협회.

대성동고분박물관,『대성동고분박물관 전시안내도록』.

東亞大學校博物館, 1993,『密陽 守山堤 水門址 基礎調査報告書』.

朴淳發·李亨源·山本孝文·董寶璟·姜秉權·李晟準·李眅燮, 2003,『泗沘都城-陵山里 및 軍守里地點 發掘調査 報告書』, 忠南大學校百濟硏究所.

부산대학교박물관, 1985,『김해 예안리 I 본문·도면, 도판』.

山田隆一, 2008,「中河內地域における古墳時代の敷葉工法」,『狹山池博物館硏究報告』5.

성정용, 2007,「백제의 토목기술」,『百濟의 建築과 土木』, 충청남도역사문화연구원.

小山田宏一, 2003,「백제의 토목기술」,『古代 東亞細亞와 百濟』, 충남대학교 백제연구소.

정동찬, 2007,「겨레과학에 대한 새로운 인식」, 한국건축역사학회 춘계발표회 발표논문.

井上主稅, 2003,「大邱 花園 城山里 1號墳 墳丘築造方法의 檢討」,『大邱 花園 城山里 1號墳』, 慶北大學校博物館.

曺永鉉, 1993,「封土墳의 盛土方式에 관하여-區分盛土現象을 中心으로」,『嶺南考古學』13, 嶺南考古學會.

曺永鉉, 2002,「皇南大塚과 天馬塚의 區劃築造에 대하여」,『嶺南考古學』31, 嶺南考古學會.

崔鍾圭, 2007,「風納土城의 築造技法」,『風納土城-500년 백제왕도의 비전과 과제』, 국립
　　　문화재연구소.

忠北大學校博物館·堤川市, 2000,『義林池-精密基礎調査』.

충남대학교박물관, 2007,『호서지역의 청동기문화』.

최광승, 2012,「박정희의 경주고도(慶州古都)개발사업」, 정신문화연구 126호, 한국학중
　　　앙연구원.

狹山池博物館, 2001,『古代の土木技術』, 開館記念特別展.

狹山池調査事務所, 1998,『狹山池 埋藏文化財編』.

호남문화재연구원, 2005,『완주 갈동유적』.

참고 홈페이지

국립중앙박물관 http://www.museum.go.kr

김해시청 http://www.gimhae.go.kr

대가야박물관 http://www.daegaya.net

고령군청 http://www.goryeong.go.kr

대성동고분박물관 http://ds.gimhae.go.kr

복천박물관 http://bcmuseum.busan.go.kr

한성백제박물관 http://baekjemuseum.seoul.go.kr

국립공주박물관 http://gongju.museum.go.kr

흙부대 생활기술 네트워크 http://cafe.naver.com/earthbaghouse